ENTREVISTAS CON ESCRITORES LEGENDARIOS DEL MÁS ALLÁ

Cathy McGough

Stratford Living Publishing

Lo que dicen los lectores...

"Lee este libro y, al hacerlo, añade otra dimensión a tu placer y a las obras de estos grandes autores. Mediante una cuidadosa investigación y un poco de imaginación, Cathy McGough les da vida a todos ellos. Al leer este libro, el lector siempre tendrá la impresión de estar en contacto con las palabras de su escritor favorito. No se limitará a leer su obra, sino que disfrutará de esa dimensión adicional: la sensación de que le leen".

A. R. (David) Lewis, Autor de: "El árbol de copas y platillos" y "Un campo de amapolas rojas".

"¡Crecí disfrutando de los sinceros escritos de estos poetas y autores! Muchas veces he deseado haber podido conocerlos como las propias personas fuera de sus palabras a través del papel. Cathy McGough lo ha hecho posible".

Reseñador de Amazon

"Me encantó el formato de entrevista, y los fragmentos de la vida de los poetas y autores que desconocía. Me encantaron los divertidos fragmentos intermedios con Madame Delatour y el narrador. Aunque ya había conocido y leído a casi todos los autores/poetas de este libro, aprendí algo nuevo o divertido sobre cada uno de ellos y, de hecho, ¡encontré a uno que QUIERO leer!"

Crítico de Amazon

"Una encantadora y atractiva colección de biografías de autores. Cathy McGough presenta a los grandes con la ayuda de la vidente Madame Delatour. Cada entrevista estalla con la electricidad de una sesión de espiritismo cuando los éteres se abren para revelar a otro autor que regresa para una charla amistosa. Cathy capta la esencia de los escritores, sacando a relucir sus puntos fuertes junto con sus vulnerabilidades. Es evidente que cada entidad le resulta familiar y querida. Este libro es una lectura obligada para conocer a autores famosos de una forma memorable o simplemente para celebrarlos."

Jo Janoski, autora de: "Té y Chocolates" y "Fiel". Fotógrafa, Janoski Studio Pittsburgh Photography

"La escritora realizó una increíble labor de investigación sobre la vida y los escritos de eminentes poetas y escritores y la presentó de forma inteligente, incluyendo entrevistas ficticias y una atractiva recopilación de escritos. La presentación humorística de las anécdotas captó mi imaginación y atención de principio a fin."

Reseñador de Amazon

"Un delicioso manual para cualquier lector interesado en conocer a algunos de los más grandes escritores en lengua inglesa del mundo. Repleto de hechos históricos minuciosamente investigados, la entrega humorística y las sorprendentes anécdotas me mantuvieron pasando las páginas. Otra cosa que aprecié mucho fueron las descripciones físicas del autor. Desde el humor de Stephen Leacock hasta la inspiración de Rudyard Kipling, este libro fue una lectura fabulosa".

Reseñista de Amazon

"Una mezcla de historia y literatura. El estilo único de Cathy McGough captura tu imaginación. Te lleva al reino de los más grandes autores que el mundo ha conocido. Es una aventura que no olvidarás".

Walter L. Jones, Propietario de Jones Outlet

"Un trabajo excelente que transforma las biografías de nombres literarios icónicos en una colección interesante e increíble. Fue una lectura divertida que captó mi imaginación y mantuvo mi atención hasta el final. Recomendado a todos los ratones de biblioteca".

Reseñador de Amazon

"Se ha invertido mucho trabajo en este libro. Me gustó especialmente la entrevista a Edgar Allan Poe.

Sería útil para que los estudiantes de secundaria aprendieran sobre los gigantes del mundo literario."

Reseñador de Amazon

"Soy poeta, así que agradecí que la Sra. McGough haya dado un lugar tan destacado a los poetas en este libro que utiliza el humor para destacar a estos "escritores legendarios"."

Reseñista de Amazon

"¡Una lectura obligada para todos los auténticos amantes de la literatura!"

Reseñista de Amazon

Tabla de contenidos

Introducción   IX

Prólogo   XI

1. CONOCER A TU VIDENTE   1

2. LORD TENNYSON Y YO   13

3. EDGAR ALLAN POE EN LA HORA DE LAS   27
    BRUJAS

4. SHELLEY ADMIRA EL RÍO COOKS   45

5. WILKIE COLLINS TEJE UN CUENTO   65

6. VÍSPERA DE AÑO NUEVO CON ROBBIE   79
    BURNS

7. TWAIN EXPLICA QUÉ HAY EN UN NOMBRE   95

8. COLERIDGE Y LA FRUTA DE LA PASIÓN   109

9. NATHANIEL HAWTHORNE DA LA VUELTA A   123
    LA TORTILLA

10. LEACOCK CAUSA REVUELO   147

11. KIPLING DE NUEVO EN AUSTRALIA   167

12. DICKENS Y TELETUBBY HILLS — 181

13. DOSTOIEVSKI EN HEATHROW — 195

14. KEATS VISITA MI LUGAR DE NACIMIENTO — 209

15. RECUERDOS DE HENRY WADSWORTH LONGFELLOW — 225

16. VUELVE "EL BANJO" PATERSON — 239

17. THOREAU DE PASEO — 253

18. LORD BYRON HACE SU ENTRADA — 271

19. EL COMIENZO CON BAUDELAIRE — 291

20. LA CONCLUSIÓN - NO — 301

21. UNA NUEVA ENTREVISTA CON VOLTAIRE EN 2006 — 305

SOBRE EL AUTOR: — 321

TAMBIÉN POR: — 323

REFERENCIAS — 325

Introducción

"Este libro hará de ti un viajero".
John Bunyan The Pilgrim's Progress

Queridos lectores,

Me gustaría aprovechar esta oportunidad para dar las gracias personalmente a dos de mis profesores favoritos del instituto. Son el Sr. Mavor y el Sr. Hurley. Ambos de la Escuela Secundaria Central, en Stratford, Ontario, Canadá. Entre los dos, me introdujeron en los escritos de muchos de los escritores que he entrevistado para mi libro.

Me equivocaría si no diera también las gracias al Festival de Stratford. Tener la oportunidad de ver TEATRO EN VIVO justo en la puerta de mi casa durante toda mi vida ha sido un privilegio y un honor.

Espero que disfrutes leyendo mis entrevistas, ¡tanto como yo he disfrutado escribiéndolas!

¡Feliz lectura!

Cathy McGough

Tu Entrevistadora de Escritores Legendarios del Más Allá

Prólogo

Escrito por:
Christopher Ingham M Ed., B Ed., TSTC
Director de Inglés en el Hamilton and Alexandra
College, Victoria, Australia, y
poeta en su tiempo libre.

Es un triste comentario sobre el estado de los escritos contemporáneos sobre literatura que rara vez se encuentren textos críticos o biográficos que reflejen la alegría sin límites que experimentamos los que tuvimos la suerte de ser adolescentes en la década de 1960, cuando descubrimos por primera vez a escritores del calibre de Dickens, Wilkie Collins, Dostoievski, Coleridge y Poe.

Con la posible excepción de Harold Bloom, gran parte de lo que se escribe sobre lo que a los que somos políticamente incorrectos nos gusta llamar "gran literatura" parece tener una base ideológica.

Uno sospecha que los críticos modernos están tan encorsetados por las exigencias de la ortodoxia académica actual que, o bien han perdido la capacidad de deleitarse con las obras de los "escritores legendarios", o bien tienen demasiado miedo como para permitirse sumergirse en los mundos imaginativos creados por estos escritores. Del mismo modo, parece que los biógrafos también sienten la necesidad de situar las vidas de estos escritores en algún tipo de contexto ideológico que supuestamente informa su escritura, hasta tal punto que a menudo se devalúa el poder imaginativo de su arte.

Habiéndome vuelto tan cínica sobre la naturaleza de las respuestas críticas y biográficas contemporáneas a los "escritores legendarios", sobre todo a los del siglo XIX, me llevé una grata sorpresa cuando me topé con la obra de Cathy McGough, de título fascinante: "Entrevistas con escritores legendarios del más allá".

Aquí estaba, por fin, una escritora que no teme compartir su deleite por las vidas y obras de quienes tan obviamente le han proporcionado placer a lo largo de su vida de lectora. Empecé por comprender cada uno de sus temas y leí el libro de principio a fin en poco más de una sentada.

Aunque hay muchos aspectos maravillosos en este libro, debo comentar tres que sobresalen. En primer lugar, la técnica de utilizar a Madame Delatour, una médium, como medio Entrevistas con escritores legendarios del más allá de dar vida a estos escritores funciona extremadamente bien y, dado el interés de los victorianos por el espiritismo, esta técnica añade otra dimensión a la obra.

En segundo lugar, la interacción imaginativa de Cathy con los escritores en lugares del mundo que son reales e importantes para ella, contribuye a crear una sensación de inmediatez que resulta crucial para dar vida a estas figuras del pasado.

En tercer lugar, y lo más importante, es la forma en que, al animar a los escritores no sólo a hablar de sí mismos y de sus escritos, sino también a leer y presentar partes de su obra, Cathy ha encontrado una forma de presentar a sus lectores obras de cada escritor con las que quizá no estén familiarizados. Además, el hecho de que proporcione una lista de sus obras favoritas de cada escritor debería animar al lector a explorar algunas de esas obras.

Creo que este libro será una referencia muy valiosa no sólo para profesores y estudiantes, sino también para aquellos lectores que se hayan perdido las obras de estos "escritores legendarios" en el pasado y que ahora pueden animarse a compartir el deleite y el entusiasmo de Cathy por el genio creativo de estos extraordinarios escritores. Sin duda recomendaré este libro a mis alumnos de Literatura de 11º y 12º curso.

No puedo terminar este Prólogo sin alabar a Cathy por ampliar y extender este libro entrevistando a escritores comoThomas Hardy, D. H. Lawrence, las hermanas Bronte y Jane Austen. Por supuesto,

aún más fascinante sería un encuentro entre Robert Browning, que era tan escéptico respecto al espiritismo que escribió ese maravilloso poema Mr,
    "El médium". Un encuentro entre Browning, Cathy y Madame Delatour sería fascinante.

CONOCER A TU VIDENTE

PUESTO QUE NOS EMBARCAMOS juntos en esta aventura, es muy apropiado que incluyamos una entrevista con la persona que ha ayudado a hacer posible este libro: mi amiga Madame Delatour.

Quizás te preguntes por qué no has visto antes a Madame Delatour, y quizás te preguntes por qué no hemos aprovechado la oportunidad que nos brinda este libro incluyendo una fotografía suya.

Por desgracia, eso no es posible. Porque el "don" de Madame Delatour la hace poco fotogénica. De hecho, puede perder algunos o todos sus poderes si alguien la fotografía. Por tanto, por favor, mantengan alejadas sus cámaras en su presencia, damas y caballeros.

Y hablando de caballeros, muchos de los que han leído parte de este libro en forma de columna (por no mencionar al menos a uno de nuestros Legendarios Escritores del Más Allá) han preguntado si nuestra

Madame Delatour está casada o unida de alguna forma. Te aseguro que es soltera.

Madame Delatour nació el 31 de diciembre de 1950 en París, Francia. Nunca ha estado casada y busca una pareja que no sienta celos de sus habilidades especiales. Tiene debilidad por los hombres con acento escocés (como podrás comprobar tú mismo cuando nos encontremos con Robbie Burns). Si deseas mantener correspondencia con Madame Delatour, hazlo a través de nuestro Editor. Adjunta una foto tuya, así como una copia certificada de tu patrimonio neto. Madame Delatour sólo responderá a aquellos caballeros que tengan "Lo que hay que tener".

En primer lugar, debo señalar que Madame Delatour y yo tuvimos unas palabras sobre el lugar de nuestra entrevista. Le sugerí mi humilde morada, ya que era lo bastante buena para Shelley, Coleridge, Longfellow y otros, pero ella pensó que mi idea era descabellada. Quería que la mimaran, ¡así que decidí derrochar!

En este preciso momento, estamos dando vueltas por la ciudad de Sydney, Australia, relajándonos en su lujoso y elegante (por no decir caro) restaurante llamado "Centrepoint", que recibe su nombre apropiadamente por su ubicación.

Madame Delatour está vestida de punta en blanco para la ocasión. Lleva un elegante vestido de noche de lamé dorado con cientos, quizá miles, de lentejuelas tipo bolas de espejo, y un par de zapatos negros de charol con tacones de cinco centímetros. Lleva grandes pendientes dorados y varias pulseras en cada muñeca. Madame Delatour se eleva por encima de mí, ya que sólo mido 1,70 m, mientras que ella, descalza, mide 1,70 m.

Mientras caminamos hacia nuestra mesa, no es de extrañar que todo el mundo se gire para mirarnos. Los pendientes y pulseras de Madame Delatour hacen su habitual música al compás de nuestros pasos mientras nos acompañan a nuestra mesa. Tomamos asiento con relativa rapidez y suspiramos al unísono mientras contemplamos Sydney en todo su esplendor nocturno.

Las luces centellean hasta donde alcanza la vista y a nuestro alrededor las estrellas se unen, pareciendo competir con las luces de la Tierra para ver cuál es la más brillante. Madame Delatour (o Blanchetta, como la llamaremos en adelante) pide no uno, sino dos Mai Tai, ambos para ella. Yo pido un Black Russian y comienza nuestra entrevista.

P: Blanchetta, ¿cómo descubriste por primera vez tu "don" único?

R: Lo descubrí cuando tenía cuatro años. Mi abuelo me compró un triciclo y me empujaba mientras yo iba en él, y juntos reíamos y jugábamos. Fue una época muy especial y le quería mucho. Cada vez que yo hacía sonar la campanilla dorada que colocaba en el manillar, él gritaba: "¡Cuidado todo el mundo, que viene Etta!". Etta era su nombre especial para mí.

Poco después de mi cuarto cumpleaños, murió mi abuelo. Después de aquello, me negué a acercarme a mi triciclo. Mis padres lo intentaron todo para animarme a montar, pues sabían que me había gustado tanto, pero no pude. No quería. (Incluso cuando era pequeña, tenía mucha fuerza de voluntad y era testaruda cuando me convenía). En este caso, sin mi Abuelo, el triciclo perdió toda su utilidad.

Una tarde, estaba en el patio y empezó a escupir. No quería entrar. Mi triciclo estaba sentado en el patio y parecía solitario sin mí. No quería que se mojara. Temía que la lluvia pudiera dañar el timbre. Sabía con certeza que mi abuelo no aprobaría mi negligencia.

Así que empecé a empujarla, y pronto las lágrimas empezaron a correr por mi cara. Echaba de menos a mi Abuelo y ansiaba oírle pronunciar mi nombre. Ya nadie me llamaba "Etta". Era como si una parte de mí hubiera muerto con él.

El Abuelo siempre dedicaba tiempo a mí y, sin él, me sentía sola. Miré al cielo y, desafiante, toqué la campana. La toqué y la toqué mientras las lágrimas corrían por mi cara. Las gotas de lluvia se unieron casi como si supieran lo solitaria y miserable que era mi vida sin él.

De repente, sus manos estaban sobre mis hombros y dijo: "¡Cuidado todo el mundo, que viene Etta!" Y yo tocaba la campana y él me empujaba, y reíamos y jugábamos, y la lluvia caía cada vez más fuerte.

Blanchetta sacó un pañuelo del bolso y se secó las lágrimas con delicadeza. Se sonó la nariz como una trompa, tan fuerte que todo el mundo giró la cabeza hacia nosotros y se quedó mirándonos. Recorrí la habitación, luchando contra las lágrimas mientras acariciaba la mano de Blanchetta. Estaba inconsolable, así que pedí otro Mai Tai. Blanchetta me lo devolvió y continuó con su historia.

Entonces supe que tenía un don especial. Sin embargo, tenía miedo de lo que pasaría si se lo contaba a alguien, así que lo mantuve en secreto.

P: ¿Alguna vez utilizaste tu "don" para ayudarte con los deberes y los exámenes?

R: Sí, debo admitir que lo hice. Mi primera experiencia en la lectura de una obra de William Shakespeare fue dans L 'Ecole. "Como gustéis" fue la obra que eligió nuestro profesor, y no pude entenderlo por mi vida. Nunca sabré por qué nuestro plan de estudios incluía una obra tan difícil.

Así que me puse en contacto con el mismísimo "Bardo" para que fuera mi tutor personal. Le conté los problemas que tenía para entender "Como gustéis", y el Sr. Shakespeare se convirtió en Jacques, recitando su soliloquio con pasión. Aún hoy puedo verle ante mí:

AS YOU LIKE IT

Acto II, Escena VII
Todo el mundo es un escenario
Y todos los hombres y mujeres meros actores;
Tienen sus salidas y sus entradas,
Y un hombre en su tiempo representa muchos papeles,
Sus actos son siete edades. Al principio, el niño,
Maullando y vomitando en los brazos de la enfermera.
Luego, el colegial quejumbroso, con su mochila
y la cara brillante de la mañana, arrastrándose como un caracol
De mala gana a la escuela. Y luego el amante,
suspirando como un horno, con una balada lastimera
Hecha a la ceja de su amante. Luego un soldado
lleno de extraños juramentos y barbudo como el padre
Celoso en el honor, súbito y rápido en la disputa,
Buscando la reputación de la burbuja
Hasta en la boca del canónigo. Y luego la justicia
De hermoso vientre redondo con buen capón forrado,
Con ojos severos y barba de corte formal,
Lleno de sabias sierras e instancias modernas;
Y así, interpreta su papel. La sexta edad cambia
En el pantalón delgado y con cremallera
Con gafas en la nariz y bolsa en el costado;

Su manguera juvenil, bien guardada, un mundo demasiado ancho

Para su jarrete encogido, y su gran voz varonil,

Volviéndose de nuevo hacia los agudos infantiles, gaitas

Y silbidos en su sonido. La última escena de todas,

Que pone fin a esta extraña historia llena de acontecimientos,

Es el segundo infantilismo y el mero olvido,

Sin dientes, sin ojos, sin gusto, sin todo. (1)

El soliloquio de Madame Delatour provocó la ovación del público. Al bajar de la mesa, se inclinó ante el público. El camarero llegó con una botella de Dom Perignon y descorchó mientras continuaban los aplausos. Juntos, Madame Delatour y yo alzamos nuestras copas en agradecimiento por el obsequio donado por un compañero comensal y la entrevista continuó.

Cuando el Sr. Shakespeare terminó su recitado... ¡LO CONSEGUÍ! Además de ser un dramaturgo y poeta de éxito, el Sr. Shakespeare también tenía dotes ocultas para la interpretación. Me imploró que viera su obra en directo -siempre que fuera posible- para poder apreciarla plenamente.

Le expliqué que sus obras seguían representándose en directo en todo el mundo. Parecía muy satisfecho de su longevidad y entonces mencioné los debates que se habían producido a lo largo de los años sobre la autoría de sus obras. No pareció sorprendido por algunas de las falsas acusaciones, pero se quedó realmente atónito cuando le revelé la suposición de que su querida esposa Anne Hathaway las había escrito.

Además del Sr. Shakespeare, conocí y hablé con Albert Einstein, Alexander Graham Bell, Mahatma Gandhi, Winston Churchill e innumerables personas más. A medida que pasaba el tiempo, llegué a comprender, mediante la planificación y la concentración, que podía mantener a mis invitados un poco más de tiempo con cada contacto que hacía. Hoy en día, el tiempo máximo que puedo retener a un invitado es de treinta minutos.

P: ¿Te enamoraste alguna vez de alguna de las personas con las que contactaste?

R: ¡Una mañana de 1972, me desperté y Jim Morrison, ese hombre tan guapo que era cantante de "The Doors", estaba en la cama a mi lado! Sí, ¡es verdad!

Estaba tumbado, desnudo de cintura para arriba (¡y yo no estaba segura de en qué estado se encontraba bajo las sábanas!) Miraba fijamente al techo, con ambos brazos acunando su cabeza y cantando "Jinetes en la tormenta, jinetes en la tormenta, en este mundo nacemos, en este mundo somos arrojados, como un perro sin hueso, un actor sin hogar, jinetes en la tormenta". (2)

Al principio, estaba demasiado conmocionada para decir nada. Me acurruqué modestamente las mantas alrededor del cuello y me sonrojé furiosamente.

Jim se puso de lado, se apoyó en el codo y dejó de cantar a media frase. Me miró profundamente a los ojos. Mi corazón revoloteó como un pájaro enjaulado. Dijo: "Creo que tienes una o dos preguntas que hacerme".

Me devané los sesos para pensar en algo que decir, pero mi mente estaba en blanco. Le solté algo que no tenía ningún sentido, y él se quitó las sábanas y se levantó (llevaba pantalones negros, gracias a Dios).

Empezó a saltar sobre mi cama cantando "Hola, te quiero no me dirás tu nombre, Hola te quiero déjame saltar en tu juego". (3)

Pensé que el techo se iba a derrumbar (¡por no hablar de mi cama!) Oí a mi madre y a mi padre gritar abajo "¡Arret Arret! Blanchetta Arret!"

Jim no paraba de cantar y saltar, como un niño en un trampolín. Yo me reía histéricamente y lloraba al mismo tiempo. Me quedé helada como un ciervo atrapado en los faros cuando oí a mi madre y a mi padre subir las escaleras. En cuanto llegaron a mi puerta empezaron los golpes. (Afortunadamente, siempre cerraba con llave la puerta de mi habitación por la noche).

Jim saludó, saltó tan alto como pudo y desapareció en el techo. Nunca he olvidado nuestro encuentro y le quiero desde entonces. A menudo veo repeticiones de su aparición en "El Show de Ed Sullivan" y mi corazón se agita de nuevo. Eso es lo peor de mi "don".

P: ¿Quieres decir que, una vez que devuelves a alguien a la Tierra, ya no puedes volver a ponerte en contacto con él o ella?

R: A veces, cuando paso de un periodo de tiempo a otro, la gente del otro lado intenta captar mi atención. Imagínate que te arremolinas a través de los tiempos y varias personas muertas, a veces malvadas, a veces buenas y casi siempre muy famosas, se agarran a ti, intentan agarrarse a tus faldones. Intentando obligarte a que les lleves contigo para que tengan la oportunidad de volver a entrar en esta vida, aunque sólo sea durante unos minutos.

P: ¿A veces el mal? Explícate, por favor.

R: Me estremezco al pensar en la vez en que Jack el Destripador me agarró e intentó abrirse paso a través del portal del tiempo hacia el presente. Había concertado una cita para una entrevista con Lord Tennyson, cuando Jack interrumpió tan groseramente e intentó sabotear el proceso. Tuve que cortar el contacto con el señor Tennyson y luchar para evitar que Jack tomara el control. Era más fuerte de lo que jamás hubiera imaginado. Necesité todo lo que poseía para sacudírmelo de encima.

Mi mente regresó a aquel día en que Madame Delatour se desmayó. Sólo las sales aromáticas la hicieron volver en sí. Cuando volvió en sí, temblaba de pies a cabeza. Dos Chivas Regal grandes, solo, la ayudaron a calmar los nervios. Tras automedicarse un poco, insistió en volver a intentar ponerse en contacto con Lord Tennyson.

Protesté, diciendo que debíamos esperar a que tuviera tiempo suficiente para recuperarse, pero Blanchetta exclamó: "Jack el Destripador causó suficiente pánico en su día para toda una vida y no aterrorizará el futuro". La entrevista con lord Tennyson transcurrió sin contratiempos.

P: Hay un poeta que parece hablarte con bastante frecuencia: Lord Byron. ¿Se ha puesto en contacto contigo últimamente?

R: Sí, claro que sí. Si no tengo a nadie con quien ponerme en contacto, entonces él se pone en contacto conmigo. Está esperando ansiosamente tu entrevista. Tiene mucho que decir y comprende que debemos dar prioridad a las entrevistas por petición. Es muy coqueto y resultará un tema interesante.

P: ¿Quieres contarnos a todos cómo conocimos a Blanchetta?

R: Estabais en Francia, en la Torre Eiffel. Era el año 1996. Estabas en un viaje para redescubrir a tu Musa. Yo intentaba escapar de mi "don". Nos encontramos en la Torre Eiffel y hablamos durante bastante tiempo. Intenté ayudarte citando un poema de Charles Baudelaire:

Nada existe sin una finalidad.

Por lo tanto, mi existencia tiene una finalidad. ¿Qué finalidad?

No lo sé.

Por tanto, no soy yo quien se lo ha asignado.

Por tanto, es alguien más instruido que yo.

Por tanto, debo rezar para que ese alguien me ilumine.

Ésa es la resolución más sabia. (4)

Mientras hablaba, apareció Charles Baudelaire. Después de eso, tú y yo nos hicimos amigos. Nos escribíamos, hablando siempre de poesía, escritores y literatura.

Al final, decidimos invitar al mundo a compartir nuestras Entrevistas con Escritores Legendarios del Más Allá. Así se concibió la idea de este libro.

En ese momento, llegó nuestra comida, por lo que nuestra entrevista llegó a un abrupto final. Aun así, espero que hayas disfrutado conociendo a Madame Delatour.

¡Buen provecho!

Cathy McGough

Tu Entrevistadora de Escritores Legendarios del Más Allá

LORD TENNYSON Y YO

ESTE CAPÍTULO ESTÁ DEDICADO *a mi querida abuela, que me introdujo en la poesía de Tennyson.*

¡Buenos días a todos! Hoy vamos a tener el honor de recibir la visita de nuestro invitado muy especial, Alfred, Lord Tennyson, ¡que pronto se unirá a nosotros!

Lord Tennyson nació en 1809 y vivió hasta 1892. A la tierna edad de treinta y tres años, era tan famoso como lo es hoy una estrella del rock o un actor de cine. Recibía cartas de mujeres de todo el mundo, jóvenes y mayores, enamoradas de su magistral uso de la lengua inglesa (por no hablar de su atractivo aspecto).

Pero no sólo las mujeres amaban las obras de Lord Tennyson. Imagínate a los jóvenes soldados recitando este poema mientras eran conducidos a la batalla:

LA CARGA DE LA BRIGADA LIGERA
Media legua, media legua
Media legua adelante
Todo en el valle de la Muerte
Cabalgaron los seiscientos.
'¡Adelante, la Brigada Ligera!
Cargad hacia los cañones', dijo:
En el valle de la Muerte
Cabalgaron los seiscientos.
'¡Adelante, la Brigada Ligera!
¿Había algún hombre consternado?
No, aunque el soldado sabía
Que alguien había metido la pata:
Ellos no respondieron,
ni razonar por qué,
sólo hacer y morir:
En el valle de la Muerte
Cabalgaron los seiscientos.
Cañón a su derecha,
Cañón a su izquierda
Cañones delante de ellos
Volaron y tronaron
Les asaltaron con disparos y proyectiles
Audazmente cabalgaron y bien,
hacia las fauces de la Muerte,
En la boca del Infierno
Cabalgaron los seiscientos.
Relampagueaban sus sables desnudos,
Destellaban al girar en el aire,

Saboteando a los artilleros,
Cargando contra un ejército, mientras
Todo el mundo se maravillaba:
Sumidos en el humo de la batería
Rompieron la línea;
Cosacos y rusos
Se tambaleaban por el golpe de sable
destrozados y despedazados.
Entonces regresaron, pero no,
No los seiscientos.
Cañones a su derecha,
Cañones a su izquierda,
Cañones a sus espaldas
Volaron y tronaron;
Los asaltaron con disparos y obuses,
Mientras caballo y héroe caían,
Los que habían luchado tan bien
Atravesaron las fauces de la Muerte
De vuelta de la boca del Infierno,
Todo lo que quedaba de ellos,
Lo que quedaba de seiscientos.
¿Cuándo se apagará su gloria?
¡Oh la salvaje carga que hicieron!
Todo el mundo se maravilló.
¡Honra la carga que hicieron!
Honra a la Brigada Ligera,
¡Nobles seiscientos! (1)

Si aún tienes dudas sobre el poder de la escritura de Lord Tennyson, acércate y te contaré una historia sobre él que nunca olvidarás.

Imagínate esto: Un capitán militar del ejército británico se guarda apresuradamente un ejemplar de los poemas de Lord Tennyson en el bolsillo del pecho de su uniforme, y luego se precipita hacia el campo de batalla, donde le disparan. Cae al suelo, agarrándose el pecho y esperando el dolor. No ocurre nada. Se mete la mano en el bolsillo, saca el libro y descubre una bala alojada en su cubierta.

¿Sería erróneo decir entonces que las palabras de Lord Tennyson salvaron la vida de un hombre? No lo creo.

Lord Tennyson vivía en Epping Forest, Inglaterra, y su momento preferido del día era por la mañana temprano, cuando daba un paseo solitario. Espero que no le importe que me una a él hoy mientras paseamos por el impresionante río Cooks.

Como Lord Tennyson no estará vestido adecuadamente para ser visto en público cuando llegue, me he tomado la libertad de comprarle un chándal en la tienda de segunda mano de San Vicente de Paúl. También he conseguido un par de zapatillas Adidas y Nike junto con un par de sandalias Jesús "por si acaso" en nuestra tienda local del Ejército de Salvación.

Precisamente a las 7 de la mañana, la Sra. Delatour se levantó, agitando los brazos mientras su túnica flotaba y sus pendientes tintineaban como campanillas de viento. Una vez recuperada del incidente del secuestro antes mencionado (re: Jack el Destripador), no tardó en ponerse en contacto con Lord Tennyson. Esperé ansiosamente a que se materializara -todavía fascinada por el proceso-.

Cuando he aquí que lord Tennyson -quizás el mayor poeta lírico que jamás haya existido- estaba ante mí.

Era alto y comprendí por qué se le había comparado tanto con Hércules como con Apolo. (Sus ojos eran cálidos, del color de las nueces. Tenía una nariz larga y distinguida y un pelo rizado y espeso, que a Dalila le habría encantado tener en sus manos. Iba vestido con un chaleco largo negro, pantalones negros, botas altas y corbata gris. Tenía una elegancia serena que me hizo hacer una reverencia. Cuando le tendí la mano, me la besó suavemente y luego hizo lo mismo con la de madame Delatour. Lord Tennyson era todo un encanto.

Le expliqué mi idea -unirme a él en un paseo matutino- y le pregunté si le importaría ponerse un traje apropiado para el año 2002. Aceptó con entusiasmo.

Cuando se reunió con nosotros, la transformación fue asombrosa. Lord Tennyson estaba muy elegante con su nuevo atuendo. Comentó la suavidad de los tejidos y dijo que se sentía cómodo vestido con su nuevo atuendo. El chándal y las sandalias de Jesús le sentaban de maravilla.

Empujé el mando a distancia de la puerta del garaje mientras bajábamos las escaleras y entrábamos en nuestro oscuro garaje. Lord Tennyson exclamó en voz alta "¡Los Cielos se mueven!" cuando vio que la puerta se alzaba como una cortina, invitándonos a explorar Sydney. Cuando llegamos al centro del garaje, Lord Tennyson se tomó varios minutos para examinar nuestro Honda Legend, haciendo preguntas sobre su finalidad. Prometí que, si teníamos tiempo, podríamos dar una vuelta.

Antes de salir del garaje, Lord Tennyson hizo una petición. Quería volver a abrir y cerrar la puerta del garaje. Se lo permití, pero sólo una vez -al fin y al cabo, era aristócrata- y luego seguimos nuestro camino.

P: Muchos grandes escritores fueron amigos tuyos, como: Carlyle, Swinburne, Eliot y Emerson. Nombra a un escritor que no conociste, pero que desearías haber conocido.

R: Nunca conocí a Lord Byron. Tenía quince años cuando la noticia de su muerte llegó como una terrible catástrofe para oscurecer aquella alegre mañana de mi vida. Recuerdo que en una roca cercana a la casa de mi familia, en el pequeño pueblo de Somersby, tallé un epitafio que decía "BYRON HA MUERTO". (3)

P: He oído algunas historias notables sobre tu obra, especialmente "In Memoriam", que escribiste para conmemorar la muerte de tu mejor amigo y compañero poeta Arthur Hallam. Debiste de alegrarte cuando la reina Victoria lo leyó.

R: Sí, la reina Victoria recibió un ejemplar de mi libro cuando se encontraba en medio de su dolor por la pérdida del duque de Wellington. Me han dicho que sus lágrimas cayeron sobre muchas líneas de mi obra mientras leía y que mis palabras la reconfortaron. La Pequeña Dama de Windsor me hizo un gran honor al nombrarme Poeta Laureado. Sonreí y observé: "¿Por qué habría de ser egoísta y no permitir que se hiciera un honor a la literatura en mi nombre?". (4)

En este punto de nuestro paseo, nos acercábamos al parque infantil, y muchos corrían arriba y abajo por los resbaladizos desniveles, se columpiaban y trepaban por los gimnasios de la jungla. Los padres vigilaban y charlaban. Lord Tennyson nos preguntó si podíamos parar a mirar, y nos sentamos en un banco del parque.

P: ¿Cuál es tu recuerdo favorito de la infancia?

R: Tendría unos cinco años, cuando el viento inglés de marzo barría el jardín. Recuerdo que me abalancé sobre los elementos, agitando las manos y gritando: "¡Oigo una voz que habla en la tormenta!". Era una sensación de poder, de que alguien o algo intentaba comunicarse conmigo. Nunca había sentido tanta euforia. (5)

P: Sé que la espiritualidad desempeñó un papel muy importante en tu vida. ¿Podrías decirme qué significa Jesucristo para ti?

R: Lo que el sol es para esa flor, Jesucristo lo es para mí. Me asombra el esplendor de la pureza y santidad de Cristo, y Su infinita belleza. (6)

P: ¿Puedo convencerte de que me recites un poema?

R: ¿Convencer? Mi querida señora, ¡intenta detenerme!

EL ARROYO

Vengo de las guaridas de la focha y el hern,
Hago una repentina salida
Y brillo entre los helechos,
Para bajar por un valle,
Por treinta colinas me apresuro
O me deslizo entre las crestas,
Por veinte torres, una pequeña ciudad,
Y medio centenar de puentes.
Hasta que al fin por la granja de Phillip Fluyo
Para unirme al río desbordante,
Porque los hombres pueden ir y venir,
Pero yo sigo para siempre.
Parloteo por caminos pedregosos
En pequeños agudos y agudos,
burbujeo en bahías arremolinadas,
balbuceo sobre los guijarros.
Con muchas curvas mis orillas trastoco
Por muchos campos y barbechos
y muchos bosques de hadas
de sauce y malva.
charlo, parloteo, mientras fluyo
Para unirme al río desbordante,
Porque los hombres pueden ir y venir,
Pero yo sigo para siempre.
Serpenteo, y entro y salgo
Con aquí una flor navegando
Y aquí y allá una lujuriosa trucha,
Y aquí y allá un tímalo.
Y aquí y allá un copo espumoso

Sobre mí, mientras viajo,
Con muchos brotes de agua plateada
Sobre la grava dorada,
Y los arrastro a todos, y fluyo
Para unirse al río desbordante,
Porque los hombres pueden ir y venir,
Pero yo sigo para siempre.
Me escabullo por céspedes y parcelas cubiertas de
hierba,
me deslizo por las cubiertas de avellanos;
Muevo los dulces nomeolvides
que crecen para los amantes felices.
Me escabullo, me deslizo, melancólico, ojeo,
entre mis rozagantes golondrinas;
Hago bailar el rayo de sol
Contra mis bajíos arenosos.
Murmuro bajo la luna y las estrellas
En los bosques de zarzas;
Me entretengo junto a mis barrotes,
merodeo alrededor de mis crestas;
Y de nuevo salgo y fluyo
Para unirme al río desbordante,
Porque los hombres pueden ir y venir,
Pero yo sigo para siempre. (7)

Después de la primera estrofa, empezó a reunirse una multitud a nuestro alrededor. Los niños dejaron de jugar. Los padres dejaron de apresurarse. Las gaviotas y los gálagos guardaron silencio. El viento se quedó sin aliento, al igual que los árboles. Cuando Lord Tennyson terminó su recital, nadie se movió. Se hizo el silencio. Un silencio total y absoluto.

Ansiaba gritar "¡Otra! Bis!", pero sabía que el tiempo corría. Nos despedimos de todos y continuamos nuestro viaje por el puente. Nos detuvimos a contemplar nuestras reflexiones y pregunté

P: ¿Por qué crees que "In Memoriam" significó tantas cosas diferentes para tantas personas distintas?

R: El poema era más el grito de toda la raza humana que el mío. Si Dios permite este fuerte instinto y anhelo universal por otra vida, seguramente eso es en cierta medida una presunción de su verdad. No podemos renunciar a las poderosas esperanzas que nos hacen hombres. Y para aquellos de nosotros que hemos amado y perdido, consolémonos con el pensamiento de que nada camina con pies sin rumbo... ni una sola vida será destruida, ni arrojada como basura al vacío, cuando Dios haya completado el montón. Nosotros, que hemos sido abandonados a nuestras penas, y cuyo entendimiento es el de un niño que anda a tientas en la noche, nunca debemos avergonzarnos de decirnos a nosotros mismos: No necesitamos comprender; amamos. (8)

P: Tú y tu esposa Emily lleváis cuarenta años de matrimonio. Por favor, cuéntame cómo os conocisteis.

R: Fue catorce años antes de la publicación de "In Memoriam" -cuando aún cumplía mi aprendizaje como poeta-, cuando asistí a la boda de mi hermano Charles. Después de la ceremonia, conocí a una de las damas de honor. Era delicada y graciosa, y le susurré tímidamente:

"Oh, feliz dama de honor, hazme una novia feliz". Cuando celebramos nuestro 40 aniversario, le regalé a mi novia romero y rosas. Ese día fuimos tan felices como el día en que nos casamos. (9)

P: Lord Tennyson, nuestro tiempo se agota rápidamente, y me gustaría hacerte una pregunta más. ¿Qué consejo querría dar a los poetas del futuro?

R: Las palabras del poeta deben cumplir una triple función. Deben proporcionar color al ojo interior, música al oído interior y esperanza al corazón más íntimo. (10)

Le di las gracias por su inspiración y por ser mi compañero de paseo. Le ofrecí dos opciones sobre cómo le gustaría dejar el año 2002. ¿Le gustaría volver a ponerse su propia ropa o dar una vuelta en mi automóvil?

No lo dudó y nos metimos en el coche, y al poco rato estábamos dando vueltas con U2 a todo volumen por los altavoces. Mientras recorríamos nuestro barrio, Lord Tennyson saludaba con la mano a todos los que nos cruzábamos, riendo pícaramente cuando le respondían.

No podría jurar que fuera cierto, pero me pareció oírle cantar con Bono cuando llegó al estribillo de "It's a Beautiful Day, Don't Let It Get Away". (11) Nuestros ojos intercambiaron miradas, mientras él empezaba a desvanecerse. Me guiñó suavemente un ojo y desapareció.

Pronto estaba cantando a U2 yo sola, de camino a casa. Al abrirse la puerta del garaje, recité el poema lírico escrito hacia el final de la vida de Tennyson, que, a petición suya, se incluía siempre al final de cada publicación: (12)

CRUZANDO EL BAR
Puesta de sol y estrella vespertina,
Y una clara llamada para mí
Y que no haya gemidos en la barra,
Cuando me haga a la mar,
Pero una marea tan movida parece dormida,
Demasiado llena para el sonido y la espuma,
Cuando lo que sacó de las profundidades ilimitadas
Vuelve a casa.
Crepúsculo y campanada vespertina,
Y después la oscuridad.
Y que no haya tristeza de despedida
Cuando me embarque;
Pues aunque de nuestra frontera de Tiempo y Lugar
El diluvio me lleve lejos,
Espero ver a mi Piloto cara a cara
(13)

No puedes equivocarte si lees la obra de Lord Tennyson, pero yo recomiendo encarecidamente esta selección:
Idilios del Rey
Enoch Arden
Los comedores de loto
La Princesa
La dama de la chalota

Morte d'Arthur
Ulises
Becket
Las Hespérides
El sueño del día
El Palacio del Arte
La reina María
Harold
La hija del molinero
Nada Morirá
El antiguo sabio
Las dos voces
El Progreso de la Primavera
Merlín y el resplandor
La Reina de Mayo
Maud y otros poemas
Lucrecio
Oda a la muerte del duque de Wellington
Las dos voces
La Promesa de Mayo
La Copa

¡Hasta la próxima!
Cathy McGough
Tu Entrevistadora de Escritores Legendarios del Más Allá

EDGAR ALLAN POE EN LA HORA DE LAS BRUJAS

BIENVENIDOS A TODOS. SI pudieras ver cómo está mi balcón ahora mismo. Está bañado por la luz de las velas. Cuarenta velas para ser exactos, para celebrar cada año de vida de nuestro invitado.

¡Sí! Edgar Allan Poe se reunirá con nosotros esta noche, a la hora de las brujas, que se acerca rápidamente.

El Sr. Poe nació el 19 de enero de 1809. Mientras esperamos su llegada, leeré en voz alta el poema que dedicó a su novia Virginia Clemm:

ANNABEL LEE
Fue hace muchos y muchos años
En un reino junto al mar
Que vivía allí una doncella a quien quizá conozcas

Por el nombre de Annabel Lee;
Y esta doncella vivía sin otro pensamiento
Que amar y ser amada por mí.
Yo era un niño y ella era una niña,
En este reino junto al mar,
Pero nos amábamos con un amor que era más que
amor,
Yo y mi Annabel Lee
Con un amor que los alados serafines del Cielo
Nos codiciaban a ella y a mí.
Y ésta fue la razón de que, hace mucho tiempo
En este reino junto al mar
Un viento sopló de una nube, helando
A mi bella Annabel Lee
De modo que vinieron sus parientes
Y la llevaron lejos de mí
Para encerrarla en un sepulcro
En este reino junto al mar.
Los ángeles, ni la mitad de felices en el Cielo
Se fueron envidiándonos a ella y a mí
¡Sí! Ésa fue la razón (como todos los hombres saben,
En este reino junto al mar)
Que el viento salió de la nube por la noche
Enfriando y matando a mi Annabel Lee.
Pero nuestro amor era mucho más fuerte que el
amor
De los que eran mayores que nosotros
De muchos mucho más sabios que nosotros;
Ni de los ángeles del Cielo

Ni los demonios bajo el mar
Podrán jamás separar mi alma del alma
¡De la bella Annabel Lee!
Porque la luna nunca brilla sin traerme sueños
De la bella Annabel Lee;
Y así, toda la noche, me acuesto al lado
De mi querida - mi querida - mi vida y mi novia,
En su sepulcro junto al mar,
En su sepulcro junto al sonoro mar. (1)

Tonto sentimental que soy -las palabras del Sr. Poe me subieron el corazón a la garganta. Saqué el pañuelo e intenté volver a centrarme en las preguntas que había preparado para hacerle. Entonces levanté la vista y me di cuenta de que no era el Sr. Poe quien había venido a saludarnos: ¡era su preciada esposa Virginia Clemm!

Madame Delatour la llevaba de la mano, conduciéndola hacia mí mientras Virginia le susurraba al oído secretos que yo no podía oír.

Virginia asintió, sonrió, hizo una reverencia y se sentó en la silla frente a mí. Madame Delatour me preguntó si podía hablar conmigo en privado un momento, y ambas nos excusamos de la presencia de Virginia. Señalé la mesa repleta de pasteles y pastas y la invité a participar en ellos. Ella cogió un plato, entusiasmada, mientras yo cerraba las puertas del balcón tras de mí.

"Cathy, Virginia desea ponerse en contacto con su Edgar. No lo ha visto desde el día en que murió.

Aquel fatídico día de invierno, cuando los efectos secundarios de la rotura del vaso sanguíneo de la garganta se hicieron insoportables, Virginia estaba tendida en una cama con sólo paja y sábanas. Evidentemente, Virginia y Edgar vivían en la extrema pobreza.

Pobrecita, lo único que tenía era un gatito que Edgar le dio para que se calentara, y el abrigo de Edgar. Él le sujetaba las manos heladas con las suyas, y su madre le frotaba los pies para alejar la congelación.

Cathy, no podemos dejar que Virginia siga caminando sola por los Cielos. Pero nuestra decisión tendrá consecuencias, pues Edgar estará con nosotros menos tiempo".

Miré a Virginia. Sólo tenía veintitrés años cuando murió. Su belleza pintoresca. Sus ojos oscuros pero cálidos. Su fuerte sentido del propósito. Blanchetta tenía razón, teníamos que reunir a los amantes, no había otra opción.

Asentí con la cabeza y Madame Delatour desapareció para llamar al Sr. Poe.

Mientras esperábamos, serví a Virginia una taza de té caliente y ella echó rápidamente ocho cucharaditas de azúcar en su Royal Doulton, y suspiró pesadamente al dar el primer sorbo. Cuando fue a tomar un segundo sorbo, sus manos empezaron a temblar salvajemente, y me apresuré a ir a su lado para agarrar mi taza y platillo antiguos. Rodeé sus hombros con una capa, me volví y vi a Edgar Allan Poe en carne y hueso.

Llevaba un traje negro con chaqueta hasta la rodilla, abotonada para mostrar un corbatín rojo manzana y una camisa blanca como la nieve debajo. Sus ojos eran solemnes, meditabundos, y el pelo le cubría la frente como una cortina. Su nariz denotaba fuerza, y su boca bigotuda no formó una sonrisa cuando miró primero a madame Delatour, luego a mí y finalmente posó los ojos en su esposa.

Aquellos ojos claros y tristes empezaron a lagrimear, llenos, más llenos, y luego se desbordaron cuando fue hacia ella y la estrechó contra su pecho. Era como una niña todavía, pues él la envolvía con sus brazos, y ella parecía perderse allí, de buena gana.

Pasaron unos minutos, y entonces Edgar tomó asiento. Virginia se subió a su regazo, abrazándole con fuerza por el cuello. No quería soltarle ni un momento.

P: Parecéis muy cómodos acurrucados juntos. ¿Quizá podríais compartir algún recuerdo entrañable?

Sabía que ambos estaban pensando exactamente en el mismo momento cuando intercambiaron miradas. Entonces Edgar empezó a hablar con dulzura y suavidad en la voz:

R: Fue en el Depot Hotel de la ciudad de New Hope, donde tomamos el té más agradable que jamás se haya bebido, fuerte y caliente -pan de trigo y pan de centeno-, queso -pasteles de té (elegantes), un gran plato de jamón y dos de ternera fría apilados como una montaña en grandes rebanadas-, tres platos de los pasteles y todo en la mayor profusión. Sólo tenía diez dólares y nos gastamos la mayor parte en aquella comida, pero la disfrutamos mucho. (2)

Virginia suspiró profundamente mientras Edgar le acariciaba el pelo y yo les servía a ambos una fuerte taza de té. Virginia ya no necesitaba mi capa para abrigarse: Edgar era su manta.

P: Sr. Poe, he leído en alguna parte que le pagaron la mísera suma de 10 dólares por la publicación de "El cuervo". ¿No puede ser cierto?

R: Por favor, llámame Edgar. Eres un amigo para Virginia y para mí. Pero, por desgracia, es cierto. Mi mejor obra de todos los tiempos, y sin embargo seguí siendo un escritor triste, solitario y hambriento, vestido de negro, conociendo a gente que me conocía, que me admiraba como escritor, pero sabiendo que estaba soñando sueños que ningún mortal había soñado jamás. (3)

P: ¡Criminal! "El Cuervo" sigue siendo uno de los poemas más venerados de todos los tiempos. He leído en alguna parte que Charles Dickens te inspiró para escribirlo.

R: Charles Dickens estaba de gira por Estados Unidos y me enteré de que iba a venir a Richmond, donde yo vivía. Le envié una carta invitándole a comer en un hotel del centro de Richmond. El Sr. Dickens aceptó y vino a reunirse conmigo a solas. Cuando nos sentamos a comer, me di cuenta de que había estado llorando. Le pregunté qué le pasaba y me dijo

Esperaba que no se diera cuenta, Sr. Poe, pero ya que me lo ha preguntado, le daré una respuesta sincera. Tuve una tragedia personal en mi familia antes de dejar Inglaterra para venir a América y estuve pensando en ello. Tengo una esposa y tres hijos y una mascota llamada "Grip". Queríamos a nuestra mascota "Grip" casi tanto como nos queremos los unos a los otros. Antes de irme, me llevé a mi familia un fin de semana de vacaciones. Hicimos lo que siempre hacíamos con "Grip": lo encerramos en nuestro establo. Le dejamos mucha comida y agua y pensamos que estaría bien durante nuestra ausencia. Pero no nos dimos cuenta de que había un gran bote de pintura en el establo, y se le había caído la tapa.

Por desgracia, la pintura era de un color parecido al agua. El pobre Grip se confundió y se bebió toda la pintura por error. Imagínese nuestro susto, Sr. Poe, cuando abrimos la puerta del establo a nuestro regreso y allí estaba el pobre "Grip", tumbado de espaldas, tieso como una tabla, con las patas hacia arriba, muerto como una piedra.

La frase "muerto como una cuba" resonó en mi cabeza. Le pregunté: ¿Qué era el pobre "Grip"? ¿Un gato o un perro?

Y el Sr. Dickens respondió Oh, no, señor Poe, en nuestra familia no tenemos mascotas normales.

En realidad "Grip" era un cuervo negro grande y adorable. (4)

Aquella noche volví a casa y revisé un poema que había escrito sobre una chica llamada "Lenore". Había sido rechazado en numerosas ocasiones. Cambié el título por "El cuervo" y todo el mundo lo aplaudió.

P: ¿Por qué crees que "El cuervo" cautivó tanto a los lectores?

R: Quería escribir el primer cuento de hadas para adultos. Los críticos me preguntaron por qué no lo empecé entonces con "Érase una vez", y se lo dije: Pero lo abrí así. En mi mente todo tiempo es medianoche lúgubre. (5)

P: ¿Podrías leer algo para nosotros?

R: Escuchad, escuchad, porque a lo lejos oiréis

LAS CAMPANAS
Escucha los trineos con las campanas-
¡Campanas de plata!
¡Qué mundo de alegría presagia su melodía!
Cómo tintinean, tintinean, tintinean,
¡en el aire helado de la noche!
Mientras las estrellas que salpican
Todos los cielos, parecen titilar
Con una delicia cristalina;
Manteniendo el tiempo, el tiempo, el tiempo,
En una especie de rima rúnica,
al tintineo que tan musicalmente brota

De las campanas, campanas, campanas, campanas,
Campanas, campanas, campanas-
Del tintineo y el tintineo de las campanas.
Escucha las melodiosas campanas de boda,
¡Campanas de oro!
¡Qué mundo de felicidad presagia su armonía!
En el aire tibio de la noche
¡Cómo hacen sonar su alegría!
De las notas de oro fundido,
Y todas afinadas,
Qué líquida cancioncilla flota
A la tórtola que escucha, mientras se regodea
¡En la luna!
Oh, de las células sonoras
¡Qué efusión de eufonía brota voluminosamente!
¡Cómo se hincha!
Cómo habita
¡en el Futuro! Cómo habla
Del éxtasis que impulsa
Al vaivén y al tañido
De las campanas, campanas, campanas
De las campanas, campanas, campanas, campanas,
Campanas, campanas, campanas-
¡el rimar y el repicar de las campanas!
Escucha las campanas del alarum-
¡Campanas descaradas!
¡Qué historia de terror cuentan ahora sus turbulencias!
En el oído sobresaltado de la noche

¡Cómo gritan su angustia!
Demasiado horrorizadas para hablar,
sólo pueden chillar, chillar,
desafinando,
En un clamoroso llamamiento a la misericordia del fuego,
En una loca expostulación con el fuego sordo y frenético,
Saltando más alto, más alto, más alto,
Con un deseo desesperado,
Y un esfuerzo decidido,
Ahora-ahora sentarse o nunca,
Junto a la luna de rostro pálido.
¡Oh, las campanas, campanas, campanas!
Qué historia de terror cuentan
¡De desesperación!
¡Cómo tintinean, chocan y rugen!
Qué horror derraman
¡En el seno del aire palpitante!
Pero el oído conoce perfectamente,
Por el tintineo,
Y el estruendo,
Cómo el peligro fluye y refluye:
Pero el oído lo dice claramente,
En el tintineo
Y el forcejeo
Cómo el peligro se hunde y se hincha,
Por el hundimiento o la hinchazón En la cólera de las campanas-

De las campanas-
De las campanas, campanas, campanas,
Campanas, campanas, campanas-
¡En el clamor y el estruendo de las campanas!
Escucha el tañido de las campanas-
¡Campanas de hierro!
¡A qué mundo de pensamientos solemnes obliga su
monodia!
En el silencio de la noche
cómo temblamos de miedo
¡ante la melancólica amenaza de su tono!
Porque cada sonido que flota
De la herrumbre de sus gargantas
es un gemido.
Y el pueblo- ah, el pueblo-
Los que habitan en el campanario,
Todos solos
Y que, doblando, doblando, doblando
En ese apagado monótono
Sienten la gloria de hacer rodar
En el corazón humano una piedra
No son ni hombres ni mujeres
No son ni brutos ni humanos
Son engendros:
Y su rey es el que canta;
Y rueda, rueda, rueda,
Rueda
Un himno de campanas
Y su alegre pecho se hincha

¡Con el canto de las campanas!
Y baila, y grita
Siguiendo el compás, el compás, el compás,
En una especie de rima rúnica,
Al canto de las campanas...
De las campanas:
Manteniendo el tiempo, el tiempo, el tiempo,
En una especie de rima rúnica,
Al palpitar de las campanas-
De las campanas, campanas, campanas-
Al sollozo de las campanas;
Manteniendo el tiempo, el tiempo, el tiempo,
Mientras toca, toca, toca,
En una alegre rima rúnica,
Al redoble de las campanas-
De las campanas, campanas, campanas:
Al tañido de las campanas,
De las campanas, campanas, campanas, campanas-
Campanas, campanas, campanas-
Al gemido y al quejido de las campanas. (6)

P: Gracias, Edgar. Háblame, por favor, de la extraordinaria técnica de la que te serviste cuando estudiabas para ser periodista.

Edgar sonrió, tomó las manos de su amada entre las suyas, las besó y luego contestó:

R: Si escribo sobre un viaje en globo y quiero que los demás crean que lo hice, ¿cómo puedo hacerlo sin utilizar cosas que existían a mi alrededor para convencer a mis lectores? En algunos de mis libros, mantengo conversaciones con los muertos y con cadáveres que cobran vida, esas cosas, esos lugares a los que me llevaría mi espíritu, pero que sólo podrían llevarme hasta cierto punto. Al fin y al cabo, querida mujer, ¿no es la vida un engaño, una visión fantástica plagiada por algún Poeta Divino de la pesadilla épica de una mente diabólica? Entonces, ¿por qué no debería yo, poeta humano, plagiar las visiones fantásticas de otras mentes humanas? (7)

A menudo me refería a libros extranjeros que, al investigarlos, se descubría que nunca habían existido. Nunca me vi perjudicado por una educación insuficiente. Me encantaba presumir de mis conocimientos adquiridos mediante citas de pasajes de idiomas de los que no sabía nada. (8)

P: ¿Qué consejo darías a los escritores del año 2002 y posteriores?

R: Aprende a trabajar con plazos. Confía en la inspiración. Escribe con rapidez. Escribe de forma desordenada. (9)

P: Nuestro tiempo se acaba, Sr. Poe, y veo que tu encantadora dama se ha dormido rodeándote suavemente con sus brazos. Me gustaría hacerte una última pregunta. ¿Eres ante todo un Artista o ante todo un Poeta?

R: Soy ante todo un artista. He pintado lo grotesco y lo arabesco. Me interesaba lo bello, no lo verdadero. El sentido de la belleza es un instinto inmortal en lo más profundo del espíritu del hombre. Mi objetivo era evocar la belleza a través de la música de las palabras, utilizando todos los trucos mágicos literarios que pudiera emplear, como la novedad, la cita, la repetición, las frases inesperadas, lo pintoresco... frases y sentimientos de dulces sonidos que estuvieran sencillamente fuera del alcance del análisis. Ninguna obra de arte debe señalar una moraleja ni encarnar una verdad. Ésa es mi opinión. Así es como he vivido. (10)

Precisamente en ese momento, cientos de zorros voladores surcaron los cielos chillando como banshees. Respondimos a sus voces poniéndonos en pie, pero cuando miré de reojo, me di cuenta de que tanto el Sr. Poe como Virginia habían desaparecido en la noche.

Tal vez, volaron con las alas de los murciélagos y ahora están acurrucados juntos en el Real Jardín Botánico de Sydney.

Incapaz de dejar las cosas como estaban, me senté y empecé a leer este poema en voz alta con la luz asistida de la luna:

A UNO EN EL PARAÍSO
Tú eras para mí todo aquello, amor
por lo que mi alma suspiraba;
Una verde isla en el mar, amor,
Una fuente y un santuario
Todo coronado de frutas y flores de hadas,

Y todas las flores eran mías.
¡Ah, sueño demasiado brillante para durar!
Ah, Esperanza estrellada, que surgiste
¡Pero para nublarse!
"¡Adelante! ¡Adelante! - pero sobre el Pasado
(¡Golfo tenue!) mi espíritu se cierne
Debe, inmóvil, atónito.
Porque, ¡ay! ¡Ay! Conmigo
¡La luz de la Vida ha terminado!
No más - no más - no más -
(Tal lenguaje sujeta el solemne mar
A las arenas de la orilla)
Florecerá el árbol asolado por el trueno,
ni se elevará el águila golpeada.
Y todos mis días son trances
Y todos mis sueños nocturnos
Están donde tu ojo gris mira,
Y donde brillan tus pasos -
Por esa corriente eterna. (11)

Entonces soplé cada vela una a una - 40 deseos flotaron hacia el Cielo - Virginia y Edgar juntos por toda la eternidad.

Madame Delatour roncaba muy fuerte cuando volví a entrar en la casa. Me quedé con la sensación de que el Sr. Poe estaba incompleto; sin embargo, sentí que el reencuentro de los dos espíritus había hecho que todo mereciera la pena.

Espero que sientas un fuerte deseo de saber más sobre las obras del Sr. Edgar Allan Poe. Echa un vistazo a estas selecciones y te garantizo que querrás más:

La caída de la casa Usher

La Máscara de la Muerte Roja

El Durmiente

Un sueño dentro de un sueño

La ciudad y el mar

La Tierra de los Sueños

A Uno en el Paraíso

El Hermoso Médico

El Palacio Embrujado

El Gusano Conquistador

El Cuervo

Solo

La estrella misteriosa

Epigrama para Wall Street

Los crímenes de la calle Morgue

El pozo y el péndulo

El país de las hadas

Los días más felices

Oda a la Reina de Mayo

El poder de las palabras

Cómo escribir un artículo de Blackwood

Nunca Apuestes tu Cabeza al Diablo - Un Cuento con Moraleja

La carta robada

La caja oblonga

Adiós

Cathy McGough

Tu Entrevistadora de Escritores Legendarios del Más Allá

SHELLEY ADMIRA EL RÍO COOKS

Madame Delatour entró en el salón sin nuestro invitado del día: Percy Bysshe Shelley. Caminaba enfadada, mientras sus grandes pendientes de aro morados rebotaban arriba y abajo en sincronía con su coleta, que se balanceaba de un lado a otro. Llevaba su capa púrpura de invocación con estrellas y lunas fluorescentes bordadas por ella. Sus brazaletes tintinearon mientras abría de par en par las puertas del patio y decía:

"¿Qué debo hacer, Cathy? ¿Qué debo hacer? Es Lord Byron. No para de flirtear conmigo, ofreciéndome favores para que le entreviste ante el señor Shelley. Quiere ver cómo son dos mujeres del año 2002. Cree que puede manejar a dos mujeres del futuro mucho mejor que el Sr. Shelley y, por desgracia, el Sr. Shelley tiende a estar de acuerdo. Está impidiendo que el Sr. Shelley cruce al otro lado. ¿Qué hago? ¿Qué hacemos?

¡Lord Byron tenía descaro! Su historia con las mujeres era bien conocida y entrevistarle sería muy intrigante. Sin embargo, las entrevistas se eligen en función de las peticiones de lectores, familiares y amigos. Se había solicitado la entrevista del Sr. Byron, pero estaba bastante abajo en la lista.

Convencí a Madame Delatour para que avisara a Lord Byron de que guardábamos lo mejor para el final. El legendario ego de Lord Byron se lo creería y, con suerte, las cosas volverían a su cauce con el Sr. Shelley.

Percy Bysshe Shelley nació el 4 de agosto de 1792 (¡un compañero Leo!) en Sussex, Inglaterra. Muchos años después de su muerte, se dice que William Wordsworth dijo de Shelley que era "uno de los mejores artistas de todos nosotros; en habilidad de estilo".

Percy entabló amistad con el filósofo William Godwin e inmediatamente se enamoró de su hija Mary (aunque ya estaba casado y tenía hijos). Tras el trágico suicidio de su primera esposa, intentó obtener la custodia de sus hijos, pero se la denegaron. Totalmente disgustado con el sistema legal inglés, se marchó jurando no volver jamás.

Shelley y Mary se trasladaron pronto a Italia, donde él pasaría los últimos años de su vida. El 8 de julio de 1822, Shelley y su amigo fueron sorprendidos por una repentina tormenta mientras navegaban en una pequeña embarcación en Lerici, Italia, en la costa del golfo de Spezia. Sus cuerpos llegaron a la orilla y, de acuerdo con la ley italiana, fueron incinerados en la playa en presencia de sus amigos y compañeros poetas Trelawney, Hunt y Byron. Sus cenizas fueron llevadas a Roma y enterradas cerca de la tumba de su querido amigo John Keats.

Al Sr. Shelley le apasionaban muchas cosas, pero la poesía era su primer amor y queda claramente demostrado en su ensayo escrito en respuesta a "Las cuatro edades de la poesía" de Thomas Love Peacock.

En él, el Sr. Peacock afirmaba que el arte de escribir poesía pronto se extinguiría porque los hombres se estaban volcando en los grandes y permanentes intereses de la sociedad humana. (1)

He aquí un extracto de la refutación del Sr. Shelley:

UNA DEFENSA DE LA POESÍA

La poesía es el registro de los mejores y más felices momentos de las mejores y más felices mentes. Somos conscientes de las evanescentes visitas del pensamiento y el sentimiento, a veces asociadas con un lugar o una persona, a veces relativas únicamente a nuestra propia mente, y siempre surgiendo de forma imprevista y partiendo sin ser solicitadas, pero elevando y deleitando más allá de toda expresión; de modo que incluso en el deseo y el pesar que dejan, no puede sino haber placer, participando como lo hace en la naturaleza de su objeto. Es como la compenetración de una naturaleza divina a través de la nuestra; pero sus pasos son como los de un viento sobre el mar, que la calma de la mañana borra, y cuyas huellas sólo permanecen, como en la arena arrugada que lo pavimenta.

Éstas y otras condiciones correspondientes del ser son experimentadas principalmente por quienes tienen la sensibilidad más delicada y la imaginación más dilatada; y el estado mental producido por ellas está en guerra con todo deseo vil. El entusiasmo de la virtud, el amor, el patriotismo y la amistad está esencialmente ligado a tales emociones; y mientras duran, el yo aparece como lo que es, un átomo para un universo.

Los poetas no sólo están sujetos a estas experiencias como espíritus de la organización más refinada, sino que pueden colorear todo lo que combinan con los matices evanescentes de este mundo etéreo; una palabra, un rasgo en la representación de una escena o de una pasión tocará el acorde encantado, y reanimará, en quienes hayan experimentado alguna vez estas emociones, la imagen dormida, fría y enterrada del pasado. De este modo, la poesía hace inmortal todo lo mejor y más bello del mundo; detiene las apariciones evanescentes que rondan las interlunaciones de la vida, y velándolas o en el lenguaje o en la forma, las envía entre la humanidad, llevando dulces noticias de alegría afín a aquellos con quienes sus hermanas moran -moran, porque no hay portal de expresión desde las cavernas del espíritu que habitan hacia el universo de las cosas. La poesía redime de la decadencia las visitas de la divinidad de los hombres. (2)

¡Tan apasionada! ¡Tan elegantemente escrito! Estoy impaciente por ver cómo es el Sr. Shelley en persona.

Y para la ocasión, he preparado un plato de sándwiches de Vegemite, unos Lamingtons y se está preparando una tetera de té caliente. ¡Nada como la hospitalidad australiana!

Ahora, damas y caballeros, parece que estamos listos para partir, ya que puedo ver cómo conducen al Sr. Shelley hacia mí. Incluso desde la distancia, sus cautivadores ojos azules y su largo pelo rizado castaño oscuro le hacen parecer bastante angelical. Va ataviado con un abrigo oliváceo superfino con botones dorados y un chaleco Marcela a rayas (3). Sus ojos están algo bajos (tal vez esté examinando la alfombra), pero cuando vislumbra las puertas de cristal que dan al balcón, se pasa rápidamente los dedos por el pelo y camina directamente hacia la barandilla diciendo:

Es igual que la gran terraza-veranda de mi casa Magni, que daba a la bahía de Spezia, donde también había vistas al mar y paisajes de una belleza incomparable. (4) ¿Hay barcos cerca? ¿Puedo navegar hoy?

Nuestras miradas se cruzaron por primera vez, y de cerca era como un niño al que no podías rechazar. Sin embargo, nuestro tiempo era limitado y necesitaba hacerle saber lo que estaba mirando, es decir, el río Cooks, no el océano, y explicarle en qué parte de Australia nos encontrábamos. Cuando le confirmé que no había tiempo para navegar, hizo un leve mohín hasta que se distrajo con los sonidos desconocidos de las cucaburras y las urracas. A lo lejos, los eucaliptos y las jacarandas bailaban con la brisa mientras le servía al Sr. Shelley una taza de té.

Cuando nos sentamos, el Sr. Shelley me miró fijamente a los ojos. Cuando establecimos contacto, apartó la mirada.

Volví a mis apuntes y pronto volví a ver sus ojos clavados en los míos. No estaba segura de lo que estaba mirando. De hecho, no estaba segura de nada en aquel momento. Sentí que me ruborizaba la mejilla.

La intensidad de su mirada continuaba.

Desde que hago entrevistas, he desarrollado una sensación de confianza cuando estoy en presencia de estos maestros. Por lo general, me siento relajada, aunque algo sobrecogida.

Sin embargo, la mirada constante del Sr. Shelley, que luego apartaba la vista, me ponía inquieta.

Intenté recuperar la compostura revolviendo unos papeles cuando él, siempre tan sensible, vio mi tono rojizo.

Mis disculpas, querida señora. No pretendía que te sintieras cohibida. Son tus ojos. Esos penetrantes ojos avellana (5) tuyos. Ya los he visto antes en la hermosa y bien formada cabeza de mi esposa Mary.

Por un momento me quedé mudo. Sin embargo, conseguí esbozar un ratonil gracias. Durante unos segundos miramos a lo lejos, hasta que recuperé el control y entonces comenzó la entrevista.

P: Cuéntame algún momento especial que hayas compartido con Mary.

R: Disfrutaba de los momentos en que ella me seguía hasta el lugar donde amarraba mi barca. Allí, se tumbaba con la cabeza sobre mi rodilla y cerraba sus ojos cansados. Yo acariciaba su cabeza dorada. Respirábamos el aire del mar y dejábamos que la suave brisa nos arrullara dulcemente. Era como si estuviéramos en un mundo aparte. (6)

P: ¡Oh, qué romántico! Es un cambio de tema un tanto extraño, pero he leído en alguna parte que tú y Mary erais vegetarianos. De hecho, hoy en día es un estilo de vida muy popular.

R: Me temo que ser vegetariano fue por necesidad, no por elección. Si teníamos la suerte de poder comprar algo de carne, tanto Mary como yo nos asegurábamos de que los niños la comieran. Yo vivía sobre todo de pan, llevando un trozo en el bolsillo allá donde iba para no olvidarme de comer del todo. La poesía me daba sustento. (7)

P: ¿Qué fue lo que más echaste de menos durante tu exilio voluntario de Inglaterra?

R: La nostalgia me cogía desprevenida de vez en cuando, y mi remedio para ello era leer las obras de los Poetas del Lago y, en particular, las palabras de William Wordsworth. Nuestros Poetas y nuestros Filósofos, nuestras montañas y nuestros lagos, los senderos rurales y los campos que son tan especialmente nuestros, son lazos que, a menos que me quede completamente sin sentido, nunca podrán romperse. Éstos y el recuerdo de ellos, aunque nunca regrese, éstos y los afectos de la mente con la que una vez estuvieron unidos, están inseparablemente unidos, aunque permanentemente no regrese más a ella. (8)

También es extremadamente difícil encontrar una buena taza de té cuando uno está en el extranjero.

P: ¿Cómo es que llegaste a ser conocido como el "Loco Shelley"? (9)

R: A menudo me ponía a hacer experimentos con productos químicos y magia. Los otros niños solían burlarse de mí sin descanso y me seguían de un lado a otro e incluso iban a lo que llamaban "Cacerías de Shelley". Sin embargo, hubo un día en que las cosas se pusieron realmente feas. Fue durante mi estancia en Eton. Dibujé un círculo y me coloqué en el centro. Los demás alumnos se reunieron a mi alrededor mientras vertía alcohol en un platito y le prendía fuego. Observé cómo adquiría su llama azulada y luego empecé a recitar cosas como: "¡Los demonios salen y se unen a nosotros!". Un profesor se fijó en mí y gritó, preguntándome qué estaba haciendo. Le dije que intentaba invocar al diablo. (10)

P: ¿Es cierto que utilizaste a tus hermanos en tus experimentos?

R: El Diario de mi hermana Hellen es el que mejor describe mis travesuras. Recuerda que yo sólo tenía once años:

Cuando mi hermano comenzó sus estudios de química y practicó la electricidad con nosotros, confieso que mi placer se vio totalmente anulado por el terror a sus efectos. Cada vez que se acercaba a mí con su trozo de papel de embalar marrón doblado bajo el brazo, un trozo de alambre y una botella, mi corazón se hundía de miedo ante su aproximación; pero la vergüenza me mantenía en silencio y, con tantos otros como podía reunir, nos colocaban mano a mano alrededor de la mesa del cuarto de los niños para electrizarnos. (11)

P: Y hablando de cosas eléctricas, ¿qué opinas del amor?

R: Siempre esperé más del amor, le exigí más de lo que era capaz de dar a cambio. En consecuencia, el amor siempre me decepcionó. Siempre se está enamorado de una cosa o de otra; el error consiste en

buscar en la imagen la semejanza de lo que es eterno.
(12)

P: ¿Quién ha influido más en tu obra?

R: Platón, sin lugar a dudas. Platón era esencialmente un poeta. La verdad y el esplendor de su imaginería y la melodía de su lenguaje son los más intensos que es posible concebir. Rechazó la armonía en los pensamientos despojados de forma y acción, y se abstuvo de inventar pausas regulares en su estilo. (13) Traduje su "Ion", parte de "En fase" y varios epigramas. Escribí esto para él:

ESTRELLA DE LA MAÑANA Y DE LA TARDE
TÚ eres la estrella de la mañana entre los vivos,
Antes tu hermosa luz había huido;
Ahora, habiendo muerto, eres como Hespero, dando
Nuevo esplendor a los muertos. (14)

Sin embargo, no puedo dejar de recordar a Dante. Dante fue el primer despertador de la Europa embelesada; creó una lengua, en sí misma música y persuasión, a partir del caos de inarmónicos barbarismos. Fue el congregador de aquellos grandes espíritus que presidieron la resurrección del saber, el Lucifer de aquel rebaño estrellado que en el siglo XIII brilló desde la Italia republicana, como desde un cielo, en las tinieblas del mundo iluminado. Sus mismas palabras son instinto con espíritu; cada una es como una chispa, un átomo ardiente de pensamiento inextinguible; y muchas yacen aún cubiertas en las cenizas de su nacimiento y preñadas de un relámpago que todavía no ha encontrado conductor. (15)

P: ¿Define Poeta?

R: A los poetas, según las circunstancias de la época y de la nación en que aparecieron, se les llamaba, en las primeras épocas del mundo, legisladores o profetas: un poeta comprende y une esencialmente estos dos caracteres. Pues no sólo contempla intensamente el presente tal como es y descubre las leyes según las cuales deben ordenarse las cosas presentes, sino que contempla el futuro en el presente, y sus pensamientos son los gérmenes de la flor del fruto de los últimos tiempos. No es que afirme que los poetas sean los profetas en el sentido burdo de la palabra. Un poeta participa de lo eterno, de lo infinito y de lo uno. (16)

P: ¿Un poeta requiere una educación formal o simplemente la educación de la vida?

R: Hay una educación peculiarmente adecuada para un Poeta, sin la cual el genio y la sensibilidad difícilmente pueden llenar el círculo de sus capacidades... Las circunstancias de mi educación accidental han sido favorables a esta ambición. Desde mi infancia he estado familiarizado con las montañas, los lagos, el mar y la soledad de los bosques: El peligro, que se divierte al borde de los precipicios, ha sido mi compañero de juegos. He pisado los glaciares de los Alpes y he vivido bajo la mirada del Mont Blanc. He sido un vagabundo entre campos lejanos. He navegado por ríos caudalosos, y he visto salir y ponerse el sol, y salir las estrellas, mientras navegaba noche y día por un rápido torrente entre montañas. He visto ciudades populosas, y he observado las pasiones, que surgen y se extienden, y se hunden y cambian, entre multitudes reunidas de hombres.

He visto el teatro de los estragos más visibles de la tiranía y la guerra; ciudades y aldeas reducidas a grupos dispersos de casas negras y sin tejado, y los habitantes desnudos sentados famélicos en sus umbrales desolados.

He conversado con hombres vivos de genio. La poesía de la antigua Grecia y Roma, y de la Italia moderna, y de nuestro propio país, ha sido para mí, como la naturaleza eterna, una pasión y un goce. Tales son las fuentes de las que se han extraído los materiales para la imaginería de mis Poemas. He considerado la Poesía en su sentido más amplio; y he leído a los Poetas y a los Historiadores y a los Metafísicos cuyos escritos me han sido accesibles, y he contemplado el bello y majestuoso paisaje de la tierra, como fuentes comunes de aquellos elementos que corresponde al Poeta encarnar y combinar... Hasta qué punto se descubrirá que poseo el atributo más esencial de la Poesía, el poder de despertar en los demás sensaciones como las que animan mi propio pecho, es algo que, para hablar con sinceridad, no sé. (17)

P: ¿Qué opinión tienes de tu colega poeta y amigo Lord Byron?

R: ¡Lord Byron era una persona sumamente interesante, y como tal es de lamentar que fuera esclavo de los prejuicios más viles y vulgares, y tan loco como los vientos! (18)

P: ¡Sin duda lo tendré en cuenta cuando le entreviste! Viajaste mucho. Si tuvieras que elegir un lugar como favorito, ¿cuál elegirías?

R: El Coliseo: El tiempo lo había transformado en la imagen de un anfiteatro de colinas rocosas cubiertas por el olivo silvestre, el mirto y la higuera, y enhebrado por pequeños senderos que serpentean entre sus escaleras en ruinas y sus inconmensurables galerías; el bosquecillo te ensombrece mientras deambulas por sus laberintos y las hierbas silvestres del clima de las flores florecen bajo tus pies... Apenas podía creer que cuando estaba incrustada de mármol dórico y ornamentada con columnas de granito egipcio su efecto pudiera haber sido tan sublime e impresionante. (19)

P: ¿Qué te gustaría transmitir a los poetas en el año 2002?

R: Tenemos más sabiduría moral, política e histórica de la que sabemos reducir a la práctica; tenemos más conocimientos científicos y económicos de los que pueden acomodarse a la justa distribución del producto que multiplica. La poesía de estos sistemas de pensamiento está oculta por la acumulación de hechos y los procesos de cálculo... Queremos la facultad creadora para imaginar lo que conocemos; queremos el impulso generoso para actuar lo que imaginamos; queremos la poesía de la vida; nuestros cálculos han superado nuestra concepción... El cultivo de las ciencias que han ampliado los límites del imperio del hombre sobre el mundo exterior ha circunscrito proporcionalmente los del mundo interior, a falta de la facultad poética; y el hombre, habiendo esclavizado a los elementos, sigue siendo esclavo. (20)

P: Percy, antes de que te vayas, ¿podrías leer "La Nube"? Es mi favorito.

R: Por petición especial, sólo para ti, querida dama:

LA NUBE
Traigo lluvias frescas para las flores sedientas,
de los mares y los arroyos;
Traigo sombra ligera para las hojas cuando están tumbadas
En sus sueños de mediodía.
De mis alas se agitan los rocíos que despiertan
los dulces capullos,
cuando se mecen en el pecho de su madre,
mientras ella danza alrededor del sol.
Empuño el mayal del azote del granizo

Y blanqueo las verdes llanuras,

Y de nuevo lo disuelvo en lluvia,

Y me río al pasar entre truenos.

Tamizo la nieve en las montañas de abajo,

Y sus grandes pinos gimen atónitos;

Y toda la noche es blanca mi almohada,

Mientras duermo en los brazos de la ráfaga.

Sublime sobre las torres de mis cielos se inclina

El rayo es mi piloto;

En una caverna debajo está encadenado el trueno,

Lucha y aúlla a arrebatos;

Sobre la tierra y el océano, con suave movimiento,

Este piloto me guía,

Atraído por el amor de los genios que se mueven

En las profundidades del mar púrpura;

Sobre los arroyos, los riscos y las colinas,

Sobre los lagos y las llanuras,

Dondequiera que sueñe, bajo la montaña o el arroyo,

El Espíritu que ama permanece;

Y yo todo el tiempo me regodeo en la sonrisa azul del Cielo,

Mientras él se disuelve en lluvias.

El sanguíneo Amanecer, con sus ojos de meteoro

Y sus ardientes penachos extendidos,

Salta sobre el lomo de mi velero,

Cuando el lucero del alba brilla muerto;

Como en la dentellada de un peñasco montañoso

Que un terremoto sacude y balancea,

puede posarse un águila
A la luz de sus alas doradas.
Y cuando el ocaso puede respirar, Del mar iluminado debajo
Sus ardores de descanso y de amor,
Y caiga el manto carmesí de la víspera
De la profundidad de los Cielos,
con las alas desplegadas descanso en mi nido de ave,
Tan quieta como una paloma incubadora.
Esa doncella orbital cargada de fuego blanco
A quien los mortales llaman Luna
se desliza centelleante sobre mi suelo de vellón,
esparcida por las brisas de medianoche;
Y dondequiera que el latido de sus pies invisibles,
que sólo los ángeles oyen,
Puede haber roto la trama del delgado techo de mi tienda,
Las estrellas se asoman detrás de ella y miran;
Y me río al verlas girar y huir,
Como un enjambre de abejas doradas,
Cuando ensancho el desgarrón de mi tienda construida por el viento,
Hasta que los tranquilos ríos, lagos y mares,
Como franjas del cielo caídas a través de mí en lo alto,
estén cada uno pavimentados con la luna y éstos.
Ato el trono del Sol con una zona ardiente
y el de la Luna con un cinturón de perlas;

Los volcanes se oscurecen, y las estrellas se tambalean y nadan,
Cuando los torbellinos despliegan mi estandarte.
De cabo a cabo, con forma de puente,
Sobre un mar torrente,
A prueba de rayos solares, cuelgo como un techo, -
Las montañas sus columnas.
El arco triunfal por el que marcho
Con huracán, fuego y nieve,
Cuando los Poderes del aire se encadenan a mi silla,
Es el arco de un millón de colores;
La esfera-fuego sobre sus suaves colores tejió,
Mientras la Tierra húmeda reía abajo.
Se detuvo bruscamente y se dio cuenta de que yo había seguido pronunciando las palabras, se aclaró la garganta, sonrió y continuó...
Soy la hija de la Tierra y del Agua
Y la criatura del Cielo;
Paso a través de los poros del océano y de las costas,
cambio, pero no puedo morir.
Pues después de la lluvia cuando sin mancha alguna
El pabellón del Cielo está desnudo,
Y los vientos y los rayos del sol con sus destellos convexos
Construyen la cúpula azul del aire,
Me río en silencio de mi propio cenotafio,
Y de las cavernas de la lluvia,

Como un niño del vientre, como un fantasma de la tumba,

Me levanto y lo vuelvo a reconstruir. (21)

Mientras leía, empezó a desvanecerse, como una mala transmisión, y cuando terminó la última línea, había desaparecido por completo.

Espero que te haya picado el gusanillo de Shelley y te animo a que busques sus obras.

Te recomiendo las siguientes:

Prometeo desencadenado

La Nube

Adonais

La reina Mab

La máscara de la anarquía

A una alondra

Oda al Viento del Oeste

A la Luna

Un lamento

Laon y Cyntha

Filosofía del Amor

Himno al Espíritu de la Naturaleza

El sueño del poeta

Líneas a un aire indio

La Cenci

A la Noche

Temo Tus Besos

El Vuelo del Amor

Ozymandias de Egipto

A una Dama con Guitarra

La Invitación
El Recuerdo
El Espíritu de la Soledad
Alastor
Rosalinda y Helena
El Sueño de lo Desconocido
Música, cuando mueren las voces suaves
La Serenata India
El Triunfo de la Vida
Una Defensa de la Poesía.

Acompáñame la semana que viene, cuando Madame Delatour traiga otro invitado a mi humilde morada. De momento, necesita un buen whisky con hielo, porque Lord Byron sigue rondando por aquí como un mal centavo, intentando convencernos de que le hagamos la próxima entrevista. Lo siento, no puede ser, Lord Byron: ¡el público decide!

¡Ta, ta!

Cathy McGough
Tu Entrevistadora de Escritores Legendarios del Más Allá

WILKIE COLLINS TEJE UN CUENTO

¿Has descubierto las obras de Wilkie Collins? Si no te has topado con alguna de sus novelas en tu librería local, ¡te lo estás perdiendo de verdad!

Wilkie Collins nació el 8 de enero de 1824 en New Cavendish Street, Londres, Inglaterra. El Sr. Collins dejó a sus lectores un enorme legado compuesto por veinticinco novelas, más de cincuenta relatos cortos, casi quince obras de teatro y más de cien obras de no ficción. Sus novelas "La piedra lunar" y "La mujer de blanco" son dos clásicos. Wilkie Collins se formó en el campo del derecho, lo que le sirvió para escribir sus melodramáticas pero meticulosas novelas de suspense.

Madame Delatour me avisó de que el Sr. Collins estaba a punto de salir, y en cuestión de segundos noté que caminaba hacia mí. Miró a su alrededor, inquisitivo como un gato, mientras yo me presentaba y le daba las gracias por haber venido a conocerme.

Se sentó brevemente y, de repente, se incorporó como un rayo, agitando las manos con fuerza y señalando hacia el cielo: Wilkie Collins había descubierto el arte de escribir en el cielo.

Observó la corriente en chorro, como un niño que espera su mensaje. Por un momento, pensé que había dejado de respirar por completo; estaba tan abrumado por las palabras que se estaban escribiendo.

El chorro se detuvo y la palabra "Nokia" se reveló a mi invitado. Me miró a mí, luego al mensaje y lo leyó en voz alta una y otra vez, como quien intenta descifrar un código secreto.

Le expliqué su significado, y el Sr. Collins se sintió muy decepcionado. Comentó que el mundo había caído más bajo que nunca, al permitir la contaminación de los Cielos con fines publicitarios.

Nunca antes había pensado en el skywriting de ese modo... Pronto la corriente en chorro se desvaneció y comenzó nuestra entrevista.

P: ¿Cuándo conociste a Charles Dickens?

R: Charles y yo nos conocimos el 12 de marzo de 1851. Yo había aceptado el papel de Smart, el ayuda de cámara, en la producción amateur de la obra de Bulwer-Lytton "No es tan malo como parece". Charles era doce años mayor que yo, y ya era un autor consagrado y una figura pública. Aun así, nos hicimos amigos para toda la vida. Le dediqué mi libro "Escondite" en 1854: "A Charles Dickens se inscribe esta historia como muestra de admiración y afecto, por su amigo, el autor".

Trabajé en "Household Words" durante cinco años, y más tarde en "All The Year Round". También colaboramos en los números navideños de ambas publicaciones, incluido "No Thoroughfare". (1)

P: ¿Siempre te ha gustado contar historias?

R: De pequeño, en la segunda escuela de Highbury, donde estaba interno, el director me acosaba con regularidad.

"Te irás a dormir, Collins", me decía, "cuando me hayas contado un cuento".

Fue este bruto quien despertó por primera vez en mí, su pobre víctima, un poder del que, de no ser por él, tal vez nunca habría sido consciente... Cuando dejé la escuela, seguí contando historias por mi propio placer. (2)

P: Intentaste mostrar la vida tal como era, aunque el público a menudo quería hacer como los avestruces.

R: Nos hemos familiarizado tan descaradamente con la violencia y el ultraje, que los reconocemos como un ingrediente necesario de nuestro sistema social, y clasificamos a nuestros salvajes como parte representativa de nuestra población bajo el nombre recién inventado de "rudos". La atención pública ha sido dirigida por cientos de otros escritores al sucio Rough in fustian. Si me hubiera limitado a esos límites, habría arrastrado conmigo a todos mis lectores. Pero me atrevo a llamar la atención sobre la Rough lavada de paño, y debo defenderme ante los lectores que no han reparado en esta variedad o que, habiéndolo hecho, prefieren ignorarla.

¿No es necesario protestar, en interés de la civilización, contra un renacimiento de la barbarie entre nosotros, que se autoproclama como un renacimiento de la virtud viril, y encuentra la estupidez humana lo bastante densa como para admitir la afirmación? (3)

P: Siento informarte de que las cosas no han cambiado mucho hoy en día. Debes preguntarte si alguna vez lo harán. ¿Quizás sea un buen momento para pedirte que leas algo de uno de tus libros?

R: "Basil" fue la segunda obra de ficción que produje. En el momento de su aparición, fue condenada de plano por cierta clase de lectores, como un ultraje a su sentido del decoro. Sabía que "Basilio" no tenía nada que temer de los lectores de mente pura, y dejé que esas páginas se mantuvieran o cayeran según los méritos que poseyeran. Lenta y seguramente, mi historia se abrió paso a través de todas las críticas adversas, hasta alcanzar un lugar en el favor del público, que espero nunca haya perdido desde entonces.

Tomado de la Parte I, Capítulo II de:

BASIL

Podría intentar, en este lugar, esbozar mi propio carácter tal como era en aquella época. Pero, ¿qué hombre puede decir: sondearé la profundidad de mis propios vicios, y mediré la altura de mis propias virtudes; y ser tan bueno como su palabra? No podemos conocernos ni juzgarnos a nosotros mismos; otros pueden juzgarnos, pero no pueden conocernos; sólo Dios juzga y también conoce. Que mi carácter aparezca -en la medida en que cualquier carácter humano pueda aparecer en su integridad, en este mundo- en mis acciones, cuando describa el único pasaje azaroso de mi vida, que constituye la base de esta narración. Mientras tanto, primero es necesario que diga algo más sobre los miembros de mi familia. Al menos dos de ellos serán importantes para el desarrollo de los acontecimientos en estas páginas. No pretendo juzgar sus caracteres; sólo los describo -acertada o erróneamente, no lo sé- tal como me parecieron. (4)

P: Se ha dicho que eras un "revisor compulsivo". ¿Es una afirmación justa?

R: ¿Justa? ¿Qué es justo? Yo revisaba. Para que alguien me llame "revisora compulsiva" debe haber visto los manuscritos y las pruebas de mis novelas. Las repasaba minuciosamente antes de publicarlas, alterando, añadiendo y borrando hasta que la página se convertía en un palimpsesto prácticamente ilegible. Siempre que se pedía una nueva edición de una novela, aprovechaba para revisarla de nuevo.

Por lo general, los cambios que hacía eran pequeños cambios de puntuación y estructura de las frases. La excepción fue "Escondite", donde los cambios fueron mucho más amplios. Estaba dedicado a mi querido amigo Charles Dickens, por lo que necesitaba que fuera lo más perfecto posible. En el prefacio de la edición de 1861 escribí: He abreviado, y en muchos casos omitido, varios pasajes... que exigían más de la paciencia del lector de lo que ahora me parece deseable aventurarme. (5)

P: Algunos críticos alegan que "Escondite" era autobiográfico debido a la aparición de tu mascota familiar "Snooks".

R: Desgraciadamente, la única parte de "Escondite" que era autobiográfica era mi querido gatito "Snooks". Recuerdo que escribí a mi madre en 1844, quejándome del comportamiento de la criada hacia él:

El otro día la sermoneé sobre la inhumanidad. En su celo por la Ciencia, o por su cocina (no sé cuál de las dos cosas) intentó reintroducir por la nariz del gatito lo que el inocente animal acababa de expulsar como inútil de una porción opuesta e inferior de su cuerpo. Charles (mi hermano) trató el tema con furia con la cocinera. Yo intenté la filosofía con la criada. Él fracasó. Yo triunfé: purificada estaba la nariz de "Snooks". (6)

P: ¿Te importaría explicar tus ideas sobre la familia de la ficción?

R: Creyendo que la Novela y la Obra de Teatro son hermanas gemelas en la familia de la Ficción; que la una es un drama narrado, como la otra es un drama actuado; y que todas las emociones fuertes y profundas que el autor de Obra de Teatro tiene el privilegio de excitar, el escritor de Novela tiene también el privilegio de excitarlas, no he creído ni político ni necesario, al adherirme a las realidades, adherirme sólo a las realidades cotidianas. En otras palabras, no he caído tan bajo como para asegurarme de que el lector cree en la probabilidad de mi historia, pero sin pedirle ni una sola vez que ejerza su fe. Esos accidentes y sucesos extraordinarios que ocurren a pocos hombres me parecían materiales tan legítimos para trabajar en la ficción -cuando había un buen objeto en utilizarlos- como los accidentes y sucesos ordinarios que pueden ocurrirnos a todos, y de hecho nos ocurren. Apelando a fuentes genuinas de interés dentro de la propia experiencia del lector, podría sin duda captar su atención para empezar; pero sólo apelando a otras fuentes (igualmente genuinas a su manera) más allá de su propia experiencia, podría esperar fijar su interés y excitar su suspense, ocupar sus sentimientos más profundos o agitar sus pensamientos más nobles. (7)

P: ¿Es función del novelista presentar realismo a sus lectores?

A: A aquellas personas que disienten de los amplios principios aquí señalados; que niegan que la vocación del novelista sea hacer algo más que divertirles; que rehúyen toda referencia honesta y seria en los libros, a temas en los que piensan en privado y de los que hablan en público en todas partes; que ven implicaciones encubiertas donde no hay nada implícito y alusiones impropias donde no se alude a nada impropio; cuya inocencia está en la palabra y no en el pensamiento; cuya moralidad se detiene en la lengua y nunca llega al corazón - a esas personas, consideraría una pérdida de tiempo, y algo peor, ofrecer cualquier otra explicación de mis motivos, que la suficiente que ya he dado. No me dirijo a ellos en esta entrevista y nunca pensaré en dirigirme a ellos en ninguna otra. (8)

P: En "Sin nombre" creo que intentaste algo que ningún novelista había intentado antes.

R: El único secreto que contiene el libro se reveló a mitad del primer volumen. A partir de ese momento, todos los acontecimientos principales de la historia se prefiguraron a propósito antes de que tuvieran lugar, pues mi propósito era despertar el interés del lector por seguir la cadena de circunstancias por las que se desencadenaron esos acontecimientos previstos. Al probar este nuevo camino, no estaba dando la espalda con dudas al camino que ya había recorrido. Mi único objetivo al seguir un nuevo curso era ampliar el alcance de mis estudios en el arte de escribir ficción, y variar la forma en la que apelaba al lector, tan atractivamente como pudiera. (9)

SIN NOMBRE

La primera escena

Las manecillas del reloj del vestíbulo marcaban las seis y media de la mañana. La casa era una residencia rural de la comarca de Somerset Occidental llamada Combe-Raven. Era el cuatro de marzo y corría el año 1846.

Ningún sonido, salvo el constante tictac del reloj y los grumosos ronquidos de un gran perro tendido sobre una estera ante la puerta del comedor, perturbaba la misteriosa quietud matinal del vestíbulo y la escalera. ¿Quiénes eran los durmientes ocultos en las regiones superiores? Dejemos que la casa revele sus propios secretos; y, uno a uno, al descender las escaleras desde sus camas, dejemos que los durmientes se revelen a sí mismos.

Cuando el reloj marcaba las siete menos cuarto, el perro se despertó y se sacudió. Después de esperar en vano al lacayo, que acostumbraba a dejarle salir, el animal vagó inquieto de una puerta cerrada a otra en la planta baja; y volviendo a su estera con gran perplejidad, apeló a la familia dormida, con un largo y melancólico aullido.

Antes de que se extinguieran las últimas notas de la protesta del perro, las escaleras de roble de las zonas altas de la casa crujieron bajo los pasos que descendían lentamente. En un minuto apareció la primera sirvienta, con un sucio chal de lana sobre los hombros, pues la mañana de marzo era desapacible y el reumatismo y la cocinera eran viejos conocidos.

La cocinera, recibiendo los primeros y cordiales avances del perro con la peor gracia posible, abrió lentamente la puerta del vestíbulo y dejó salir al animal. Era una mañana salvaje. Sobre un espacioso césped, y detrás de una negra plantación de abetos, el sol naciente se abría paso hacia arriba a través de montones de nubes grises y raídas; las fuertes gotas de lluvia caían a cuentagotas; el viento de marzo se estremecía en los rincones de la casa, y los húmedos árboles se balanceaban cansinamente. (10)

P: Estoy seguro de que nuestros lectores están intrigados y correrán a su librería local para averiguar qué ocurre. Para quienes no hayan leído "Sin nombre", ¿te importaría explicar la premisa del libro?

R: El propósito principal de la historia es apelar al interés principal del lector por un tema que ha sido el tema de algunos de los más grandes escritores, vivos y muertos, pero que nunca se ha agotado ni puede agotarse, porque es un tema eternamente interesante para toda la humanidad. Es un libro más que describe la lucha de una criatura humana, bajo esas influencias opuestas del Bien y del Mal, que todos hemos sentido, que todos hemos conocido. (11)

P: "Sin nombre" cuenta cómo un brutal giro del destino altera la existencia de dos hermanas. Las novelas escritas sobre temas tan serios rara vez tienen humor.

R: Intenté infundir ese alivio a los pasajes más serios del libro, no sólo porque creía que estaba justificado hacerlo por las leyes del Arte, sino porque la experiencia me enseñó que en el mundo que nos rodea no existe un fenómeno moral como la tragedia sin mezcla. Miremos por donde miremos, los hilos oscuros y la luz se cruzan perpetuamente en la textura de la vida humana. (12)

P: Ningún escritor se ha acercado a ti, Sr. Collins, a la hora de atraer a los lectores al mundo que has creado. Un ejemplo perfecto que me viene inmediatamente a la mente es tu relato corto "El Sr. Policía y el Cocinero" - ¿le importaría leer los primeros párrafos de la historia?

R: Si el tiempo me lo permitiera, lo leería en su totalidad. Sin embargo, por falta de tiempo, estos pocos párrafos deben bastar:

EL SR. EL POLICÍA Y LA COCINERA

Unas primeras palabras para mí

Una noche, antes de que el médico me dejara, le pregunté cuánto tiempo me quedaba de vida. Me contestó: "No es fácil decirlo; puede que mueras antes de que pueda volver a verte por la mañana, o puede que vivas hasta final de mes".

A la mañana siguiente estaba lo bastante vivo como para pensar en las necesidades de mi alma y (siendo miembro de la Iglesia Católica Romana) enviar a buscar al sacerdote.

La historia de mis pecados, relatada en confesión, incluía la negligencia censurable de un deber, que debía a las leyes de mi país. En opinión del sacerdote -y yo estaba de acuerdo con él- estaba obligado a reconocer públicamente mi falta, como un acto de penitencia propio de un inglés católico. Concluimos entonces que intentaríamos dividirnos el trabajo. Yo relaté las circunstancias, mientras su reverencia tomaba la pluma y daba forma al asunto.

He aquí el resultado: - (13)

Una vez más, mis queridos lectores, para enteraros de lo que ocurre tendréis que leer el libro.

P: ¿Tienes algún consejo que dar a los escritores en el futuro?

R: Hazles reír, hazles llorar, hazles esperar. (14)

Cuando el Sr. Collins terminó de hablar, se desvaneció durante un segundo y luego desapareció. Sus últimas palabras resonaron en mi mente, mientras las hacía rodar una y otra vez sobre mi lengua: "Hazles reír, hazles llorar, hazles esperar". ¡Palabras por las que vivir!

Éstas son algunas de las obras del Sr. Collins que sin duda debes incluir en tu lista de LECTURAS OBLIGATORIAS:

Armadale

La mujer de blanco
Sin nombre
La piedra lunar
Basil Una historia de la vida moderna
El dinero de mi señora
El legado de Caín
Escondite
El hombre y la mujer
Pequeñas novelas
El Secreto Muerto
La reina de corazones
El matrimonio de Gabriel
Rutas más allá del ferrocarril
Ningún camino
La pobre Srta. Finch
El abismo helado y otras historias
La ley y la dama
Las hojas caídas
El genio del mal
La túnica negra
El hotel encantado
El Amor Ciego
El viaje perezoso de dos aprendices ociosos.

Por ahora, ¡CHEERIO!
Cathy McGough
Tu Entrevistadora de Escritores Legendarios del Más Allá

VÍSPERA DE AÑO NUEVO CON ROBBIE BURNS

BIENVENIDOS TODOS Y CADA uno al Pub Tam O'Shanter. Tómate una copita mientras esperamos la llegada de nuestro invitado de honor: ¡el Sr. Robbie Burns!

Mientras tanto, dejad que os hable un poco de él. Robbie Burns nació el 25 de enero (que ahora se celebra como el Día de Robbie Burns) en una furiosa ventisca en Ayrshire, Escocia, en 1759. Su padre era granjero, y Robbie intentó por todos los medios seguir sus pasos, pero su corazón no estaba en ello. Su corazón quería cantar y volar por las Tierras Altas escocesas, que tanto amaba.

Desgraciadamente, a Robbie le diagnosticaron síntomas de corazón reumático, por lo que no le quedaba mucho tiempo en este mundo. Murió en 1796, dejando un repertorio asombroso.

Para conocer mejor a Robbie Burns, su corazón y su mente, tienes que leer todo lo que escribió. Cuanto más leas, más se te revelará su espíritu.

Madame Delatour acaba de indicarme que irá a una zona apartada en la parte trasera del pub para ponerse en contacto con el Sr. Burns, así que debería estar con nosotros en unos momentos.

Mientras tanto, he pedido a la multitud, cada vez más numerosa, que no haga ruido para no intimidar al Sr. Burns. Cuando se sienta cómodo en su nuevo entorno, le pediré permiso para que esta pandilla de alborotadores se una a nosotros. Sólo espero que puedan contener su excitación el tiempo suficiente. Al fin y al cabo, este Pub lleva el nombre de Robbie Burns y todos los que se reúnen aquí, se reúnen en su nombre.

Empecemos con un poema que Robbie escribió en una época muy oscura, cuando se planteó abandonar Escocia para siempre:

EL LAMENTO

Sobre los acantilados envueltos en niebla de su solitaria montaña errante,

Donde los vientos salvajes del invierno braman incesantemente,

Qué aflicciones retuercen mi corazón mientras observo atentamente

¡el sombrío camino de la tormenta en el seno de la ola!

Olas de espuma, permitidme gemir,

Antes de que me arrojéis lejos de mi amada orilla natal;

Donde la flor que floreció más dulce en el verde valle de Coila,

El orgullo de mi pecho, ¡mi María ya no está!

Ya no vagaremos por las orillas del arroyuelo,

y sonreiremos al rostro de la luna en la ola;

Ya no la abrazaré con cariño,

pues las gotas de rocío de la mañana caen frías sobre su tumba.

Ya no calentará mi pecho el suave estremecimiento del amor;

Me apresuro con la tormenta a una orilla lejana;

Donde descansarán mis cenizas, desconocidas y sin pesar,

y la alegría no volverá a visitar mi pecho. (1)

Madame Delatour llamó mi atención confirmando que nuestro visitante había llegado.

Cogí una botella de whisky escocés de malta Glenfiddich, varios vasos, una mezcla de frutos secos y galletas saladas y me dirigí a la trastienda. El dueño del pub se ofreció a que su camarera, bastante pechugona, me lo trajera en una bandeja, pero, francamente, no quería ni necesitaba competir por la atención del Sr. Burns.

La sala bullía de expectación ante la llegada del Bardo. Intenté captar su atención sin suerte. Finalmente, tuve que recurrir a un ataque total a sus oídos con una fuerte descarga del Silbato del Capitán, que llevaba colgado del cuello.

Menos mal que el clamor terminó al instante, así que tuve la oportunidad de pedirles que no hicieran tanto ruido. Al fin y al cabo, no queríamos asustar al Sr. Burns.

Su nombre provocó otro tumultuoso estruendo, que acallé ofreciéndome a pagar la siguiente ronda de bebidas y saliendo pitando de allí. Miré por encima del hombro el caos que había creado y esperé que el camarero me perdonara.

Cuando miré por el ojo de buey que daba a la trastienda y vi a Robbie Burns allí de pie, me quedé boquiabierta.

Era guapísimo y lucía un hoyuelo devastador en la barbilla (que me recordaba al de Cary Grant). Medía casi 1,80 m, tenía el pelo negro como el carbón e incluso desde lejos podía ver que tenía unos misteriosos ojos oscuros. Sus ojos los clasificaría fácilmente como ojos de alcoba, y supe al instante por qué tenía tanta reputación entre las damas.

Madame Delatour estaba sentada, mirándole con los párpados alborotados, cuando entré en la habitación y me presenté. Me temblaron las rodillas cuando me quitó la pesada bandeja de las manos y la colocó sobre la mesa. Luego sirvió un vaso de whisky para cada uno y sonrió mientras sus ojos recorrían la habitación.

Ansioso por empezar la entrevista, miré a Madame Delatour a los ojos -de ella a la puerta y luego de nuevo a ella-, pero no pareció captar la indirecta.

Como se acababa el tiempo, no tuve más remedio, y la pateé suavemente por debajo de la mesa. Eso pareció funcionar.

Madame Delatour salió, con la excusa de ofrecernos algo de intimidad, y luego me miró con los ojos en blanco al chocar con las puertas batientes.

Aunque se excusó para dejarnos con nuestra entrevista, estaba segura de que se había ido al tocador para darse un chapuzón de agua fría en la cara. El Sr. Burns había causado una gran impresión en Madame Delatour.

En unos segundos, me quedé menos impresionada y di la bienvenida al Sr. Burns al Tam o'Shanter Pub de Sydney, Australia.

Por si Blanchetta no le había informado, le expliqué que estábamos a punto de dar la bienvenida al año 2003. Entonces empezó nuestra entrevista.

P: ¿Quién te inspiró de niño?

R: En mi infancia y niñez le debo mucho a una anciana llamada Betty Davidson que acogió nuestra familia. Betty destacaba por su ignorancia, credulidad y superstición. Supongo que tenía la mayor colección del país de cuentos y canciones sobre demonios, fantasmas, hadas, brownies, brujas, hechiceros, spunkies, kelpies, elf-velas, luces muertas, espectros, apariciones, cantraips, gigantes, torres encantadas, dragones y otras zarandajas. Esto cultivó las semillas latentes de la poesía, pero tuvo un efecto tan fuerte en mi imaginación que hasta el día de hoy, en mis paseos nocturnos, a veces me mantengo alerta en lugares sospechosos; y aunque nadie puede ser más escéptico que yo en tales asuntos, a menudo se necesita un esfuerzo de filosofía para deshacerse de estos ociosos terrores. (2)

P: ¿Se reconocían entonces tus dotes para la escritura?

R: Cuando era niño, me caracterizaba por una memoria retentiva, un carácter obstinado y robusto y una entusiasta piedad de idiota. Digo piedad idiota porque entonces no era más que un niño. Aunque al maestro le costó algunas palizas, fui un excelente estudiante de inglés y a los diez u once años ya era un crítico en sustantivos, verbos y partículas. (3)

P: ¿Qué libros, si los hubo, cautivaron tu imaginación de niño?

R: Los dos primeros libros que leí en privado, y que me proporcionaron más placer que ninguno de los que he leído desde entonces, fueron "La vida de Aníbal" y "La historia de Sir William Wallace".

Aníbal dio a mis jóvenes ideas tal giro, que solía pavonearme extasiado arriba y abajo tras el tambor y la gaita de reclutamiento, y desear ser lo bastante alto para ser soldado; mientras que la historia de Wallace vertió en mis venas un prejuicio escocés que siempre estará en mi corazón y en mi mente. (4)

P: ¿Por qué empezaste a escribir poesía?

R: Para divertirme con las pequeñas creaciones de mi propia fantasía, en medio del trabajo y la fatiga de una vida laboriosa; para transcribir los diversos sentimientos -los amores, las penas, las esperanzas, los temores- de mi propio pecho; para encontrar algún tipo de contrapeso a las luchas de un mundo, siempre un escenario ajeno, una tarea inculta para la mente poética -estos fueron mis motivos para cortejar a las Musas, y en ellos encontré que la Poesía era su propia recompensa. (5)

P: ¿Nunca pensaste en publicar?

R: Ninguna de mis obras se compuso con vistas a la prensa. Aunque rimador desde mi más tierna infancia, al menos desde el más temprano impulso de las pasiones más suaves, no fue hasta muy tarde cuando el aplauso, tal vez la parcialidad, de la amistad, despertó mi vanidad hasta el punto de hacerme pensar en algo de mis obras digno de ser mostrado. (6)

P: Una vez que viste tus obras impresas, ¿seguro que supiste que eras un Poeta de talento?

R: Aparecí en público con temor y temblor. Yo, un bardo oscuro y sin nombre, me encogía de miedo al pensar que me tacharían de ser un imbécil impertinente, que imponía mis tonterías al mundo; y, porque podía arreglármelas para juntar unas cuantas rimas escocesas sin sentido, me consideraba un Poeta, ¡sin importancia alguna, por cierto! (7)

P: ¿Cómo llegaste a escribir tu primera canción?

R: El Genio Poético de mi País me encontró en el Arado y arrojó sobre mí su manto inspirador. Me ordenó que cantara los amores, las alegrías, las escenas rurales y los placeres rurales de mi tierra natal, en mi lengua nativa. Me susurró que viniera a esta antigua Metrópolis de Caledonia y pusiera mis Canciones bajo su honrosa protección: Obedecí entonces sus dictados. Como campesinos, teníamos la costumbre de unir a un hombre y a una mujer como compañeros en las labores de la cosecha. En mi decimoquinto otoño, mi compañera era una criatura encantadora, un año más joven que yo.

Mi escaso dominio del inglés me impide hacerle justicia en ese idioma, pero ya conocéis el lenguaje escocés: era una muchacha bonnie, sweet, sonsie. En resumen, ella, sin darse cuenta, me inició en esa deliciosa pasión que, a pesar de la ácida decepción, la prudencia del caballo de ginebra y la filosofía del ratón de biblioteca, considero la primera de las alegrías humanas, ¡nuestra bendición más querida! Entre otras cualidades que le inspiraban amor, cantaba dulcemente, y fue su canción favorita a la que intenté dar forma en rima.

Cuando mi hija cantó una canción que, según decían, había compuesto el hijo de un pequeño terrateniente, no vi razón alguna para no rimar tan bien como él. (8)

Madame Delatour había vuelto y nos espiaba por el ojo de buey. Afortunadamente, el Sr. Burns no pudo ver cómo se comportaba como una mona descarada. Intentó soplarle besos, pero no consiguió que se diera la vuelta. Asustada y desconcertada, ¡se rindió!

P: Se llamaba Mary Campbell: tu primer amor. Háblame de ella.

R: Mary aceptó ser mi esposa. Estábamos separados y nos conocimos en secreto el segundo domingo de mayo, en un paraje solitario a orillas del Ayr. Nos colocamos a cada lado de un pequeño arroyo que ronroneaba. Sumergimos las manos en el límpido arroyo y, sosteniendo una Biblia entre los dos, pronunciamos nuestros votos mutuos. Luego nos intercambiamos las Biblias. En la que entregué a María, había escrito: "Y no juraréis en falso por mi nombre. Yo soy el Señor. No te jurarás a ti mismo, sino que cumplirás al Señor tus juramentos". (9)

P: Robbie, te alegrará mucho saber que se ha conservado la misma Biblia y se ha colocado en el monumento de María. (10)

Robbie sacó su pañuelo y se secó las lágrimas de los ojos mientras empezaba a recitar:

A MARÍA EN EL CIELO
TÚ, estrella persistente, con rayo menguante

Que amas saludar la mañana temprana,

De nuevo te escudas en el día

Mi María de mi alma fue arrancada. (11)

Le serví otro trago a Robbie, que lo devolvió y empujó su vaso hacia mí para que le sirviera otro. Me maravillé de que el amor pudiera existir en el tiempo y en el espacio, y contuve el fuerte impulso de estrecharle entre mis brazos y consolarle. En lugar de eso, mantuve la mente concentrada y pasé a la siguiente pregunta.

P: ¿Qué consejo darías a los escritores de 2003 en adelante?

R: El mejor consejo que puedo darles es que se conozcan a sí mismos. Haz de ti mismo un estudio constante. Pésate, equilíbrate con los demás. Observa todos los medios de información, para ver cuánto terreno ocupas como persona y como poeta. Estudia asiduamente el diseño y la formación de la naturaleza, para ver dónde están destinadas las luces y las sombras de tu carácter. (12)

De repente empezaron a sonar las gaitas. ¡Sólo faltan unos minutos para la medianoche!

P: ¿Te importaría cantar unas canciones para ayudarnos a recibir el Año Nuevo? Hay un público esperando fuera para recibirte. ¿Puedo pedirles que se unan a nosotros?

R: Siempre digo que cuantos más seamos, mejor.

Robbie empezó a cantar mientras los gaiteros desfilaban por la sala y se unían a él:

A RED, RED, ROSE
Mi amor es como una rosa roja, roja,
que acaba de brotar en junio:
Oh, mi amor es como la melodía
Que se toca dulcemente.
Tan hermosa eres, mi bella muchacha,
tan profundamente enamorado estoy;
Y te seguiré amando, querida mía,
Hasta que los mares se sequen.
Hasta que los mares se sequen, querida,
Y las rocas se derritan con el sol:
Te seguiré amando, querida,
Mientras corran las arenas de la vida.
¡Y que te vaya bien, mi único amor!
¡Y que te vaya bien por un tiempo!
Y volveré de nuevo, mi amor,
Aunque fueran diez mil millas. (13)

Nos sumimos en un tumultuoso aplauso, mientras Robbie se preparaba para un bis. ¡De ninguna manera se iba a ir de allí sin hacer más de una melodía!

MI CORAZÓN ESTÁ EN LAS TIERRAS ALTAS

Mi corazón está en las Tierras Altas, mi corazón no está aquí;

Mi corazón está en las tierras altas, persiguiendo al ciervo;

Persiguiendo al ciervo salvaje, y siguiendo al corzo -
Mi corazón está en las Tierras Altas dondequiera que vaya.

¡Adiós a las Tierras Altas, adiós al Norte!

La cuna del valor, el país del valor;

Dondequiera que vague, dondequiera que vagabundee,

Las colinas de las Highlands por siempre amo.

¡Adiós a las altas montañas cubiertas de nieve!

¡Adiós a los estratos y a los verdes valles!

¡Adiós a las selvas y a los bosques salvajes!

¡Adiós a los torrentes y a las crecidas torrenciales!

Mi corazón está en las Tierras Altas, mi corazón no está aquí,

Mi corazón está en las Tierras Altas persiguiendo a los ciervos;

Persiguiendo al ciervo salvaje, y siguiendo al corzo -
Mi corazón está en las Tierras Altas dondequiera que vaya. (14)

Los corchos estallaron y el champán corría y se bebía a copas por toda la sala. Cuando Robbie terminó de cantar y cogió su copa, empezó la cuenta atrás:

"10,9,8,7,6,5,4,3,2,1 - ¡FELIZ AÑO NUEVO!".

Todos nos pusimos de pie, hombro con hombro, abrazados y empezamos a cantar:

AULD LANG SYNE

¿Debería olvidarse el viejo conocido
¿Y no recordarlo nunca?
¿Debería olvidarse la vieja amistad?
¿Y auld lang syne?
Cho - For auld lang syne, my dear,
Por los viejos tiempos,
Tomaremos aún una taza de bondad
Por los viejos tiempos.
Y seguro que tú serás tu pint-stowp,
Y yo seré la mía,
Y aún tomaremos una taza de bondad
¡Por los viejos tiempos!
Cho - Por los viejos tiempos, querida,
Por los viejos tiempos,
Aún tomaremos una taza de bondad
Por los viejos tiempos.
Dos hemos corrido por las colinas
Y pou'd the gowans fine,
Pero hemos vagado mucho y cansados
Sin' auld lang syne.
Cho - Por los viejos tiempos, querida,
Por los viejos tiempos,
Aún tomaremos una taza de bondad
Por los viejos tiempos.
Nosotros dos hemos pagado en la hoguera
Desde el sol de la mañana hasta la cena,
Pero los mares entre nosotros han rugido
Sin' auld lang syne.
Cho - Por los viejos tiempos, querida,

Por los viejos tiempos,
Aún tomaremos una taza de bondad
¡For auld lang syne! (15)

Robbie empezó a desvanecerse aunque seguía observando nuestra serenata. Volvió y se desvaneció un poco más.

Continuamos cantando, pues era el mayor cumplido que podíamos hacerle. Amar su obra, sentir y comprender las emociones que sintió cuando escribió "Auld Lang Syne". Era una tradición para nosotros y siempre lo sería. Robbie Burns se había hecho un hueco en nuestros corazones para siempre.

Espero que quieras saber más sobre Robbie Burns. Aplaudo lo siguiente:

Sobre la muerte de un hijo predilecto
Los Derechos de la Mujer
Tam o'Shanter
A una margarita de la montaña
La bienvenida del poeta a su amada Auld Lang Syne
El joven vagabundo de las Highlands
Lamento
Epitafio de un bardo
Una Noche de Invierno
Epigrama dirigido a un artista
Su respuesta
El Invierno Una Dirge
Amo a Mi Amor en Secreto
Línea Sobre la Muerte del Autor
Yon Montañas Salvajes y Musgosas

En los Mares y Lejos
Una Visión
El Invierno De La Vida
Un violinista en el Norte
Una Dedicatoria
Ana, tus encantos
El Castillo Gordon
Sigue, Dulce Pájaro, Y Calma Mi Preocupación
Qué larga y lúgubre es la noche
Líneas sobre la muerte del autor
El Hombre Está Hecho Para Llorar: Una Canción
La Ley de la Naturaleza - Un Poema.

¡Beannachd leat!
Cathy McGough
Tu Entrevistadora de Escritores Legendarios del Más Allá

TWAIN EXPLICA QUÉ HAY EN UN NOMBRE

¡Buenos días a todos! Antes de que llegue nuestro invitado de honor, quiero tomarme un momento para revelaros algo.

Antes de empezar a preparar esta entrevista, no sabía nada de Mark Twain. Creía que lo conocía, pues había leído "El príncipe y el mendigo", "Las aventuras de Tom Sawyer", "Huckleberry Finn" y "Pudd'n'head Wilson". Creía comprender al hombre que había detrás de esos libros, pero me equivocaba.

No entraré aquí en detalles sobre la vida personal de Mark Twain, pero antes de que llegue, debo decirte que, a menos que leas sobre el hombre, es imposible que comprendas sus escritos. Cierto, puede que obtengas una comprensión superficial, pero no serás capaz de ver que fue algo más que el mayor bufón de América. También fue uno de los filósofos más profundos de América.

Samuel Langhorne Clemens nació el 30 de noviembre de 1835 en Florida, Missouri. Antes de cumplir los treinta años, fue testigo de muchas injusticias graves, de las que un muchacho nunca debería ser testigo. La tragedia rodeó al Sr. Twain en su vida personal y a través de las crueldades que vio en el mundo que le rodeaba. Para entonces estaba tan disgustado con la vida que se puso una pistola cargada en la cabeza, pero descubrió que le faltaba valor para apretar el gatillo. (1)

Mientras reflexionaba sobre lo que el mundo se habría perdido si el Sr. Twain se hubiera quitado la vida...

levanté la vista y le vi caminando hacia mí. Llevaba un traje pantalón blanco, con un chapeau blanco de ala ancha y zapatos marrones. En la mano derecha llevaba una pipa apagada, y sus ojos me cautivaron por su dulzura. Le tendí la mano, dándole la bienvenida por segunda vez a Sydney, Australia. (Su primera visita fue el 15 de septiembre de 1885.) (2)

Se quitó el sombrero y se asomó al balcón para contemplar las vistas. Escuchó a su vieja amiga la urraca y se sentó a mi lado. Le ofrecí un gran zumo de menta refrescante. Le dio un sorbo, saboreando claramente el contenido.

P: ¿Hay algún lugar en Australia que haya cautivado tu imaginación?

R: Sin dudarlo, las Montañas Azules. Acertadamente llamadas. "¡Dios mío!", como dicen los australianos, pero ese azul era de un color impresionante. Profundo, fuerte, rico, exquisito; imponentes y majestuosas masas de azul; un azul suavemente luminoso, un azul humeante, como vagamente iluminado por fuegos en su interior. Extinguía el azul del cielo, lo volvía pálido y malsano, blanquecino y desvaído. Un color maravilloso, simplemente divino.

Un residente me dijo que aquello no eran montañas, sino conejeras. Y me explicó que la larga exposición y el estado demasiado maduro de los conejos era lo que les daba ese aspecto tan azul.

Puede que este hombre tuviera razón, pero muchas lecturas de libros de viajes me han hecho desconfiar de la información gratuita facilitada por residentes no oficiales de un país. Los datos que estas personas dan a los viajeros suelen ser erróneos, y a menudo destemplados. La plaga de conejos ha sido muy grave en Australia, y podría ser la causa de una montaña, pero no de una cadena montañosa, me parece. Es un orden demasiado grande. (3)

P: ¿Algo más que quieras mencionar?

R: ¡Claro que sí! La Copa de Melbourne, la Fiesta Nacional de Australasia. Sería difícil exagerar su importancia. Eclipsa a todas las demás fiestas y días especializados de cualquier tipo en ese conglomerado de colonias. ¿Los eclipsa? Casi diría que las anula.

Cada una de ellas atrae la atención, pero no la de todos; cada una de ellas suscita interés, pero no el de todos; cada una de ellas despierta entusiasmo, pero no el de todos; en cada caso, una parte de la atención, el interés y el entusiasmo es cuestión de hábito y costumbre, y otra parte es oficial y superficial. El Día de la Copa, y sólo el Día de la Copa, suscita una atención, un interés y un entusiasmo universales, espontáneos y no superficiales.

El Día de la Copa es supremo y no tiene rival. No puedo recordar ningún día anual especializado, en ningún país, que pueda llamarse con ese gran nombre: Supremo. No me viene a la mente ningún día anual especializado, en ningún país, cuya proximidad encienda toda la tierra con una conflagración de conversación y preparación y anticipación y júbilo. Ningún día salvo éste; pero éste lo hace. (4)

P: ¿Cómo elegiste tu nombre?

R: Quería algo breve, nítido, definido, inolvidable. Probé muchas combinaciones, pero ninguna parecía convincente. Entonces -en 1863- me llegó la noticia de que un viejo piloto al que conocía, Isaiah Sellers, había muerto. Enseguida se me ocurrió el seudónimo de Capitán Sellers. Eso era; ése era el tipo de nombre que yo quería. No era trivial; tenía todas las cualidades adecuadas: Sellers no volvería a necesitarlo. Con esa línea de pensamiento, se me ocurrió el nombre de Mark Twain. Era un viejo término fluvial, una llamada de plomero, que significaba dos brazas, doce pies.

Era un sonido agradable de oír para un piloto en una noche oscura; significaba aguas seguras. (5)

P: Has viajado por todo el mundo, ¿qué lugar o cosa te ha impresionado más?

R: ¡La tumba de Adán! Qué conmovedor fue, en tierra de extraños, lejos de casa y de los amigos y de todos los que se preocupaban por mí, descubrir así la tumba de un pariente consanguíneo. Cierto, un pariente lejano, pero pariente al fin y al cabo. El instinto infalible de la naturaleza estremeció su reconocimiento. La fuente de mi afecto filial se agitó hasta sus más profundas entrañas, y cedí a una tumultuosa emoción. Me apoyé en una columna y rompí a llorar. No considero vergonzoso haber llorado sobre la tumba de mi pobre pariente muerto. Que aquel que se burle de mi emoción, visite él mismo Tierra Santa y vea cómo se ven afectadas sus emociones. (6)

P: Tom aprendió una valiosa lección el sábado en que su tía Polly le obligó a encalar su valla. ¿Te importaría leernos ese pasaje?

R: Ah, sí, Tom, siempre un muchacho emprendedor:

LAS AVENTURAS DE TOM SAWYER

Tom se dijo que, después de todo, no era un mundo tan vacío. Había descubierto una gran ley de la acción humana, sin saberlo, a saber, que, para hacer que un hombre o un muchacho codicien una cosa, sólo es necesario hacer que la cosa sea difícil de conseguir. Si hubiera sido un filósofo grande y sabio, como el escritor de este libro, ahora habría comprendido que el trabajo consiste en todo lo que un cuerpo está obligado a hacer, y que el juego consiste en todo lo que un cuerpo no está obligado a hacer. Y esto le ayudaría a comprender por qué construir flores artificiales o correr sobre una cinta es trabajo, mientras que rodar bolos o escalar el Mont Blanc es sólo diversión. Hay caballeros ricos en Inglaterra que conducen autobuses de pasajeros de cuatro caballos veinte o treinta millas diarias, en verano, porque el privilegio les cuesta un dinero considerable; pero si les ofrecieran un salario por el servicio que se convertiría en trabajo, entonces renunciarían. (7)

P: Mi hijo está a punto de empezar su primer año de escuela. ¿Tienes algún consejo para él?

R: Dile que, cuando un matón quiera pelearse con él, se quite el abrigo, lenta y deliberadamente, y le mire directamente a los ojos. Luego, aún despacio y deliberadamente, que se quite el chaleco. Luego súbete las mangas y sigue mirándole directamente a los ojos. Y si para entonces su adversario no ha huido, será mejor que huya él mismo. (8)

P: Qué tesoro has creado en el personaje de Pudd'n'head Wilson, tan lleno de humor y sabiduría. ¿Tienes alguna cita favorita de ese libro?

R: No hay personaje, por bueno y fino que sea, que no pueda ser destruido por el ridículo, por pobre e ingenuo que sea. Observa al asno, por ejemplo: su carácter es casi perfecto, es el espíritu más selecto entre todos los animales más humildes y, sin embargo, mira a lo que le ha llevado el ridículo. En lugar de sentirnos halagados, cuando nos llaman asno, nos quedamos con la duda. (9)

P: He descubierto un duro poema antibelicista en tu colección. Explícame cómo llegaste a escribirlo.

R: La historia de la humanidad es poco más que un resumen del derramamiento de sangre humana. Primero vino una larga serie de guerras desconocidas, asesinatos y masacres... Después vinieron las guerras asirias... A continuación, tuvimos guerras egipcias, guerras griegas, guerras romanas, horribles empapamientos de la tierra con sangre... Y siempre tuvimos guerras, más guerras - en toda Europa, en todo el mundo. A veces en interés privado de familias reales, a veces para aplastar a una nación débil; pero nunca una guerra iniciada por un agresor con un propósito limpio: no existe una guerra así en la historia de la raza. (10)

P: ¿Te importaría leérnoslo?

R: Me la sé de memoria:

LA ORACIÓN DE LA GUERRA

Oh Señor, Dios nuestro, ayúdanos a despedazar sangrientamente a sus soldados con nuestros proyectiles; ayúdanos a cubrir sus campos sonrientes con las pálidas formas de sus muertos patriotas; ayúdanos a ahogar el estruendo de los cañones con los gritos de sus heridos, retorciéndose de dolor; ayúdanos a arrasar sus humildes hogares con un huracán de fuego; ayúdanos a estrujar los corazones de sus viudas infieles con un dolor inútil; ayúdanos a dejarlas sin techo con sus hijos pequeños para que vaguen sin amigos por los yermos de su tierra desolada en harapos y con hambre y sed, deporte de las llamas del sol del verano y de los vientos helados del invierno, rotas de espíritu, desgastadas por el trabajo, implorándote el refugio de la tumba y negándoselo - ¡por nosotros que Te adoramos, Señor, arruina sus esperanzas, arruina sus vidas, protege su amargo peregrinaje, haz pesados sus pasos, riega su camino con lágrimas, mancha la blanca nieve con la sangre de sus pies heridos! Concede nuestra plegaria, oh Señor, y Tuya será la alabanza y la gloria ahora y siempre, Amén. (11)

P: ¿Cuál es la forma más rápida de captar el corazón de un autor?

R: Hay tres formas infalibles de complacer a un autor, las tres forman una escala ascendente de elogio: 1. decirle que has leído uno de sus libros; 2. decirle que has leído todos sus libros; 3. pedirle que te deje leer el manuscrito de su próximo libro. El nº 1 te hace merecedor de su respeto; el nº 2, de su admiración; el nº 3, de su corazón. (12)

P: ¿Crees que Horacio tenía razón al decir: "Ningún escritor puede hacer llorar a los demás si él mismo no ha llorado"? (13)

R: Las palabras no realizan nada, no te vivifican nada, a menos que hayas sufrido en tu propia persona la cosa que las palabras intentan describir. (14)

P: ¿Tienes algún consejo que quieras ofrecer a los escritores del año 2003 en adelante?

R: Utiliza un lenguaje llano y sencillo, palabras cortas y frases breves. Esa es la forma de escribir en inglés: es la forma moderna y la mejor. Cíñete a ella; no dejes que se cuelen pelusas, flores y verborrea. Cuando cojas un adjetivo, mátalo. No, no quiero decir que lo mates del todo, sino que mates a la mayoría de ellos; así el resto será valioso. Debilitan cuando están juntos. Dan fuerza cuando están muy separados. Un hábito adjetivo, o un hábito palabrero, difuso y florido, una vez arraigado en una persona, es tan difícil de eliminar como cualquier otro vicio. (15)

P: Creo que tienes una fábula para demostrar lo que dices.

R: ¡Sí, claro que la tengo!

UNA FÁBULA

Érase una vez un artista que había pintado un cuadro pequeño y muy hermoso y lo colocó de modo que pudiera verlo en el espejo. Dijo: "Esto duplica la distancia y lo suaviza, y es el doble de bonito de lo que era antes".

Los animales del bosque se enteraron de esto a través del gato doméstico, al que admiraban mucho porque era tan culto, refinado y civilizado, y tan educado y de alta alcurnia, y podía contarles tantas cosas que antes no sabían, y de las que después no estaban seguros. Estaban muy entusiasmados con este nuevo chisme, y hacían preguntas para llegar a comprenderlo del todo. Preguntaron qué era un dibujo, y el gato se lo explicó.

"Es una cosa plana", dijo; "maravillosamente plana, maravillosamente plana, encantadoramente plana y elegante. Y ¡oh, tan hermoso!

Aquello les excitó casi hasta el frenesí y dijeron que darían el mundo por verlo.

Entonces el oso preguntó: "¿Qué es lo que lo hace tan hermoso?".

"Es su aspecto", dijo el gato.

Esto les llenó de admiración e incertidumbre, y se entusiasmaron más que nunca.

Entonces la vaca preguntó: "¿Qué es un espejo?".

"Es un agujero en la pared", dijo el gato. "Te miras en él, y allí ves la imagen, y es tan delicada y encantadora y etérea e inspiradora en su inimaginable belleza, que tu cabeza da vueltas y vueltas, y casi te desmayas de éxtasis".

El asno aún no había dicho nada; ahora empezó a lanzar dudas. Dijo que nunca había habido nada tan hermoso como aquello, y que probablemente no lo habría ahora. Dijo que cuando hacía falta todo un cesto lleno de adjetivos sesquipedalianos para ensalzar una cosa bella, era el momento de sospechar.

Era fácil ver que aquellas dudas estaban surtiendo efecto en los animales, así que el gato se fue ofendido. Se abandonó el tema durante un par de días, pero entretanto, la curiosidad se reavivó y se percibió un renacimiento del interés. Entonces los animales atacaron al asno por estropear lo que podría haber sido un placer para ellos, por la mera sospecha de que el cuadro no era bonito, sin ninguna prueba de que tal fuera el caso. El asno no se inmutó; estaba tranquilo y dijo que había una manera de averiguar quién tenía razón, si él o el gato: iría a mirar en aquel agujero y volvería para contar lo que había encontrado allí. Los animales se sintieron aliviados y agradecidos, y le pidieron que fuera inmediatamente, cosa que hizo.

Pero no sabía dónde debía colocarse y, por error, se colocó entre el cuadro y el espejo. El resultado fue que el cuadro no tuvo ninguna oportunidad y no apareció.

Volvió a casa y dijo: "El gato mintió. En aquel agujero no había más que un culo. No se veía ni rastro de algo plano. Era un culo guapo y simpático, pero sólo un culo y nada más".

El elefante preguntó: "¿Lo viste bien y claro? ¿Estabas cerca de él?"

"Lo vi bien y claro, oh Hathi, Rey de las Bestias. Estaba tan cerca que llegué a tocarme las narices con él".

"Esto es muy extraño", dijo el elefante; "el gato siempre había dicho la verdad, por lo que hemos podido ver. Que lo intente otro testigo. Ve, Baloo, mira en el agujero y ven a informar".

Así pues, el oso fue. Cuando volvió, dijo: "Tanto el gato como el asno han mentido; en el agujero no había más que un oso".

Grande fue la sorpresa y la perplejidad de los animales. Cada uno estaba ansioso por hacer la prueba por sí mismo y descubrir la verdad. El elefante los envió de uno en uno.

Primero la vaca. No encontró en el agujero más que una vaca.

El tigre sólo encontró un tigre.

El león sólo encontró un león.

El leopardo sólo encontró un leopardo.

El camello encontró un camello, y nada más.

Entonces Hathi se enfureció y dijo que le daría la verdad, aunque tuviera que ir a buscarla él mismo. Cuando regresó, abusó de toda su subjetividad por mentirosa, y se enfureció hasta lo indecible por la ceguera moral y mental del gato. Dijo que cualquiera, salvo un tonto miope, podía ver que en el agujero no había más que un elefante.

MORAL, POR EL GATO

Puedes encontrar en un texto lo que traigas si te sitúas entre él y el espejo de tu imaginación. Puede que no veas tus orejas, pero estarán ahí. (16)

Cuando terminó, el Sr. Twain empezó a dejarme. Quería hablarle de su estrella en el "Paseo del Escritor", en Circular Quay. Se lo conté brevemente, mientras él entraba y salía. Quería decirle más; por desgracia, desapareció. Las siguientes obras reciben mis mayores elogios:

Tras el Ecuador

Las aventuras de Tom Sawyer

La vida en el Mississippi

Los inocentes en el extranjero

El príncipe y el mendigo

Pudd'n'head Wilson

El diario de Adam

El forastero misterioso

Un yanqui de Connecticut en la corte del rey Autor

¿Ha muerto Shakespeare?

Un monumento a Adam

Una palabra humana de Satanás

Cómo contar una historia

Mi primera mentira y cómo salí de ella

El hombre que corrompió Hadleyburgo

¿Era el Cielo? ¿O el Infierno?

¡Hasta la vista!

Cathy McGough

Tu Entrevistadora de Escritores Legendarios del Más Allá

COLERIDGE Y LA FRUTA DE LA PASIÓN

¡HOLA A TODOS! HOY vamos a conocer a Samuel Taylor Coleridge, que nació el 21 de octubre de 1772. Samuel era el hijo menor del rector de Ottery, St. Mary, en Devonshire, Inglaterra.

El Sr. Coleridge es un escritor poco común, porque poseía la notable combinación del filósofo, el crítico y el poeta, todo en uno. Como filósofo y crítico, el Sr. Coleridge era capaz de ver los resultados de su trabajo de forma instantánea. Sin embargo, como poeta, el Sr. Coleridge tenía que esperar a que su Musa le ofreciera la inspiración.

Como poeta, al Sr. Coleridge se le ha llamado "el apóstol de la belleza" (1), un título bastante desalentador para cualquiera.

El Sr. Coleridge alcanzó este estatus escribiendo estrofas como las de antiguas baladas populares como "The Rime of the Ancient Mariner". Se narraba en siete partes, y muchos aún hoy la consideran su mayor obra maestra.

Mientras esperamos su llegada, te leeré la Parte III del poema:

EL RIMO DEL
EL ANTIGUO MARINO

¿Son esas sus costillas a través de las cuales el Sol
como a través de una rejilla?
¿Y es esa Mujer toda su tripulación?
¿Es una Muerte? ¿Y son dos?
¿Es la Muerte la compañera de esa mujer?

Sus labios eran rojos, sus miradas libres,
Sus cabellos eran amarillos como el oro:
Su piel blanca como la lepra,
Era la pesadilla de la vida en la Muerte,
Que espesa de frío la sangre del hombre.

El armatoste desnudo a su lado llegó,
Y los dos echaban los dados;
El juego ha terminado. ¡He ganado! ¡He ganado!
Dijo ella, y silbó tres veces. (2)

Levanté la vista de mi libro de tesoros de tapa dura azul, para encontrarme a Samuel Taylor Coleridge caminando por mi salón, donde se reunió conmigo en nuestro patio.

No era alto, pero sí corpulento, y tenía el pelo muy oscuro. Recordé haber leído que el Sr. Coleridge se había descrito una vez como un "gran perezoso". (3)

Mientras atravesaba la habitación, sentí que había cometido una grave injusticia consigo mismo. El Sr. Coleridge no vestía con elegancia, pero tenía una dulzura adorable, como un osito de peluche.

Nos saludamos y le ofrecí asiento. Expresó su preferencia, que era deambular por el jardín.

Le animé, señalándole las frutas de la pasión maduras, que estaban pesadas en la enredadera.

Parecía fascinado por ellas, cogió una entre las manos y la ahuecó como si fuera preciosa. La olió y le dio la vuelta.

Le pregunté si quería probarla y me apresuré a ir a la cocina a por un cuchillo y una tabla de cortar.

Puso la fruta sobre la tabla y al principio pareció bastante interesado, pero cuando la corté por la mitad, se le quitaron las ganas. Miró las grandes semillas negras entre la pulpa amarillenta y se apartó con asco.

Una vez terminado esto, se paseó por el jardín con las manos entrelazadas a la espalda durante un rato, y luego se volvió bruscamente en mi dirección, donde esperaba mi primera pregunta.

P: Sr. Coleridge, ¿cómo era usted de niño?

R: De niño siempre jugaba solo. Representaba libros, fingiendo que era un héroe como el rey Arturo, Hamlet o Robinson Crusoe. (4)

P: Tu vida se volvió más solitaria y difícil cuando murió tu padre y te enviaron a vivir con tu tío. ¿Te gustaría compartir algún recuerdo de esa época?

R: Mi tío me envió al Hospital de Cristo, una famosa escuela de caridad para becarios de bata azul. Todas las mañanas, un poco de pan seco y cerveza maloliente. Cada noche, un gran trozo de pan y queso o mantequilla.... Excepto los miércoles, nunca tenía la barriga llena. Teníamos el apetito apagado, nunca satisfecho; no teníamos verduras.

Los días más difíciles eran los de vacaciones. La familia y los amigos venían de visita. Los que se quedaban atrás, los que no tenían familia ni amigos, soportaban un día en que las puertas estaban cerradas desde la mañana hasta la noche. En raras ocasiones me escapaba sola a Londres y me escondía en los mercados esperando a que pasara el tiempo. (5)

P: ¿Quién era "Silas Titus Comberbach"?

R: Silas Titus Comberbach fue un nombre que inventé durante mi segundo año en Cambridge.

Decidí alistarme en un regimiento de dragones. No era para mí. Era un jinete de lo más torpe y no podía mantenerme a horcajadas sobre la silla. Ni siquiera podía limpiar bien mi caballo y perdí la mayor parte de mi equipo. Incluso mi carabina se oxidó. Pero a mis compañeros no parecía importarles porque les contaba historias y poemas. Entonces, un día, estaba limpiando mi caballo en el establo y encontré un trozo de tiza. Escribí una inscripción en latín en la pared. Un oficial vio lo que había escrito y me nombró su ordenanza. Mi deber entonces, era caminar detrás de mi oficial por las calles. Por desgracia, alguien de Cambridge me reconoció y me denunció. Ése fue el fin de Silas Titus Comberbach. (6)

P: Cuando se publicó "The Rime of the Ancient Mariner", su contenido y estilo asustaron a muchos lectores. Un crítico escribió que no procedía de "ninguna mente normal". ¿Podrías explicar lo que se escribió en "The Morning Post"?

El Sr. Coleridge se rió, se sentó a mi lado, se llevó la mano a la barbilla y dijo

R: Uno de los críticos de "The Morning Post" escribió: "He aquí una pesadilla que sólo conoce un hombre en un ataque de desmayo, cuando la sangre se enfría y el sudor se derrite silenciosamente de sus miembros".

Para mí estaba claro que muchos lectores no podían comprenderlo, y uno de ellos envió una estrofa anónima al periódico, que decía:

"Tu poema debe ser eterno,
¡querido señor! No puede fallar,
Pues es incomprensible
Y sin pies ni cabeza".

Un amigo mío me trajo el periódico y, enfadado, me preguntó: "¿Quién demonios ha podido enviar esto?". Le miré profundamente a los ojos y le dije: "Yo". Entonces los dos nos echamos a reír por la habitación. Así pues, la moraleja es: ¡para engañar a un crítico, sé crítico! (7)

P: ¡O puedes ignorarlos y esperar que desaparezcan! Desde luego, no querrías que te hicieran dejar de escribir para dedicarte a otra cosa, como predicar, ¿verdad? Me refiero a tu efímera vocación como ministro en Bath.

R: Había diecisiete personas en la capilla, y cuando apenas había empezado, una de ellas salió silenciosamente de la capilla. Pocos minutos después otro, y luego otro y luego otro y luego otro. Cuando terminó el sermón no quedaba nadie más que una mujer mayor. Estaba profundamente dormida. Decidí buscar otra forma de ganarme el pan y el queso. (8)

P: ¿Considerarías la posibilidad de leer algo para mí?

R: Por supuesto, querida señora:

KUBLA KHAN

En Xanadú Kubla Khan
Una majestuosa cúpula de placer decretó
Donde Alph, el río sagrado, corría
A través de cavernas inconmensurables para el hombre
hasta un mar sin sol.
Así dos veces ocho kilómetros de tierra fértil
rodeados de murallas y torres
Y aquí había jardines brillantes con sinuosos sinuosos,
donde florecían muchos árboles de incienso incienso
Y aquí había bosques antiguos como las colinas,
que cubrían soleadas manchas de verdor

Pero, ¡oh! ese profundo y romántico abismo que se inclinaba
¡por la verde colina a través de una cubierta de cedro!
¡Un lugar salvaje! Tan sagrado y encantado

Como antaño, bajo la luna menguante, fue atormentado
¡por la mujer que llora a su amante demoníaco!
Y desde esta sima, con incesante agitación
hirviendo,
Como si esta tierra respirara
respirara,
una poderosa fuente surgió en un momento;
En medio de cuyo rápido estallido, a medias admitido
enormes fragmentos saltaron como rebotando
granizo,
O el grano desmenuzado bajo el azotador
de la trilladora;
Y en medio de estas rocas danzantes
siempre
El río sagrado crecía al instante;
Cinco millas serpenteando con un movimiento laberíntico
a través de bosques y valles,
y llegó a las cavernas que el hombre
para el hombre,
y se hundió en un tumulto hasta un océano sin vida;
Y en medio de este tumulto, Kubla oyó desde lejos
¡voces ancestrales que profetizaban la guerra!

La sombra de la cúpula del placer
Flotaba en medio de las olas;
Donde se oía el compás mezclado

De la fuente y las cuevas.
Era un milagro de raro ingenio
¡Una soleada cúpula de placer con cuevas de hielo!
Una damisela con un dulcémele
Vi una vez en una visión;
Era una doncella abisinia,
y tocaba el dulcémele,
Cantando al monte Abora
Podría revivir dentro de mí
Su sinfonía y su canto,
A tan profundo deleite me ganaría,
Que con música alta y larga
Construiría esa cúpula en el aire,
¡Esa cúpula de sol! ¡Esas cuevas de hielo!
Y todos los que oyeran deberían verlas allí,
Y todos gritarían ¡Cuidado! ¡Cuidado!
¡Sus ojos centelleantes, sus cabellos flotantes!
Y cerrar los ojos con santo pavor,
pues se ha alimentado de mielada
y ha bebido la leche del Paraíso. (9)

P: ¿Tienes algún consejo para los poetas del año 2003 en adelante?

R: La poesía no sólo debe ser sencilla, sino también mágica. El poeta debe ahondar en las profundas cisternas de su subconsciente y enviar burbujeando al sano sol del mundo de la experiencia normal los Ríos de Cristal de su fantasía que reflejan el paisaje de un mundo sobrenatural y natural. Un poema es esa especie de composición que se opone a las obras de la ciencia, al proponer como su objeto inmediato el placer, no la verdad; y de todas las demás especies (que tienen este objeto en común con él) - se discrimina al proponerse tal deleite del conjunto, como sea compatible con una gratificación distinta de cada parte componente. El buen sentido es el cuerpo del genio poético; la fantasía, su tapicería; el movimiento, su vida; y la imaginación, el alma que está en todas partes y en cada una de ellas, y que lo forma todo en un conjunto inteligente y lleno de gracia. El lenguaje de cada hombre varía según la amplitud de sus conocimientos, la actividad de sus facultades y la profundidad o rapidez de sus sentimientos. (10)

P: ¿Te importaría compartir con nosotros otro poema antes de abandonar el año 2003? Gracias por reunirte conmigo.

R: Me gustaría dejaros con la esperanza de que, cuando estuve entre vosotros, nunca me encontré solo entre el abrazo de rocas y colinas... sino que mi espíritu corría, conducía y se agitaba como una hoja en otoño; una actividad salvaje de pensamientos, imaginaciones, sentimientos e impulsos de movimiento se alzaba en mi interior... Cuanto más ascendía de la naturaleza animada...

mayor se hacía en mí la intensidad del sentimiento por la vida. La vida me parecía entonces un espíritu universal, que no tenía ni podía tener un opuesto. Dios estaba en todas partes y, sin embargo, había lugar para la muerte? (11)

TRABAJO SIN ESPERANZA

Toda la naturaleza parece trabajar. Las babosas salen de su
guarida -
las abejas se agitan - los pájaros están al
alas -
Y el Invierno dormita al aire libre
Lleva en su rostro sonriente un sueño de
¡Primavera!
Y yo mientras tanto, lo único desocupado,
Ni hago miel, ni emparejo, ni construyo, ni
canto

Pero conozco bien las orillas donde soplan los amarantos
soplan,
he rastreado la fuente de donde mana el néctar
de néctar,
¡Floreced, oh amarantos! Floreced para quien florezcáis,
No florezcáis para mí. Deslizaos, ricos arroyos

¡fuera!
Con los labios desencajados, la frente sin corona, yo paseo:
¿Y aprenderías los hechizos que adormecen
mi alma?
El trabajo sin Esperanza atrae el néctar en un colador,
Y la esperanza sin objeto no puede vivir.
(12)

Samuel Taylor Coleridge cogió una fruta de la pasión en cada mano e indicó que le gustaría llevárselas. Asentí con la cabeza en señal de aprobación. Colocó cuidadosamente una en cada bolsillo y, de algún modo, supe que las llevaba consigo como recuerdo de su viaje. En su honor recité las dulces palabras de:

ASRA

Ser amado es todo lo que necesito,
Y a quien amo, amo de verdad. (13)

Suscribo personalmente las siguientes
obras de Samuel Taylor Coleridge:

Christabel
Amor
Juventud y edad
Dejection: an Ode

Los Piccolomini
Oda a la tranquilidad
Oda al año que se va
Escarcha a medianoche
Biographia Literaria: 1817
Reflexiones sobre la partida de un lugar de
Retiro
La enramada de tilos, mi prisión
La Mazmorra
Temores en la soledad
Los dolores del sueño
Fantasma
¿Qué es la vida?
Inscripción para una fuente en un brezal
La Vida Humana
Tiempo real e imaginario
Razón
Deseo

Beod ge gesunde

Cathy McGough
Tu entrevistadora de escritores legendarios
Desde el Más Allá

NATHANIEL HAWTHORNE DA LA VUELTA A LA TORTILLA

MADAME DELATOUR ESTABA MUY enferma. Su médico personal, el Dr. Weinstein, hizo una visita a domicilio en la que le ordenó que se tomara un serio descanso.

Como tenía una paciente reacia, informé a Blanchetta de que el Dr. Weinstein me había dejado a cargo de ella (Nota: si tienes que decirle a tu paciente que estás a cargo, ¡siempre puedes esperar problemas!) Por lo tanto, no haríamos ninguna de las entrevistas que teníamos programadas, incluida la del Sr. Nathaniel Hawthorne, hasta que estuviera totalmente recuperada.

"¡Ja!", exclamó, y luego añadió: "¡El espectáculo debe continuar!", y se lanzó a cantar a coro la canción homónima de Freddie Mercury. No tardó mucho en empezar a toser y a balbucear, y finalmente se dirigió al sofá, donde se reclinó con la cabeza entre las manos.

Allí estaba, ataviada con sus peludas botas Ugg rosas, una bata burdeos hasta el suelo sujeta a la altura del cuello, el pelo bajo un gorro de baño psicodélico y sin más maquillaje que una gruesa capa de pintalabios rojo brillante.

Si te la encontrabas inesperadamente en ese estado, podrías haber pensado que habías entrado en la "Dimensión Desconocida" del Sr. Serlings. Si hubieras escuchado con atención, probablemente habrías oído: "Haz, haz, haz, haz, haz, haz". De hecho, apuesto a que ahora mismo estás oyendo el tema de la serie.

Volviendo a nuestra paciente... fue en ese momento cuando le ofrecí a Madame un buen vaso de agua fresca para aliviarle la fiebre. Me rechazó y me pidió un gran trago de Chivas Regal con hielo. Le expresé mi preocupación por su malsana elección de bebidas, ya que el Dr. Weinstein prácticamente había prohibido el alcohol.

Por fin llegamos a un acuerdo: un solo chupito aguado con mucho hielo.

Después se reclinó en la tumbona, sorbiendo con el dedo meñique en el aire, intentando reunir fuerzas suficientes para entrar en el mundo del más allá.

Desgraciadamente, pronto se dio cuenta de que aún estaba demasiado débil y me suplicó otro chupito. Acepté con extrema reticencia.

Tras devolverlo de un golpe, subió algo insegura las escaleras, donde dijo que descansaría tranquilamente y reuniría fuerzas.

Vi que llevaba una botella llena de alcohol bajo el brazo y se la confisqué antes de enviarla arriba a descansar. Mientras tanto, aproveché la paz y la tranquilidad para hojear la información que había acumulado con el tiempo sobre nuestro entrevistador, que sería el Sr. Nathaniel Hawthorne.

El Sr. Hawthorne nació en Salem, Massachusetts, el 4 de julio de 1804. Su padre murió cuando él tenía cuatro años, dejando a su madre para que lo criara a él y a sus dos hermanas Elizabeth y Maria. La Sra. Hawthorne, angustiada tras la muerte de su marido, se llevó a sus tres hijos a casa de su padre. Su hermano Robert se interesó por Nathaniel y se encargó de educar a su sobrino.

Miré al cielo nocturno y me vino a la mente uno de los poemas del Sr. Hawthorne:

DISCURSO A LA LUNA

Qué dulce el pálido rayo de la Luna plateada

Cae tembloroso sobre la lejana bahía

Sobre la que ya no suspiran las brisas,

Ni las olas azotan la orilla sonora.

Di, que los ojos de los que amo
Te contemplan mientras te elevas,
Solitario, majestuoso y sereno,
¿La tranquila y plácida Reina del atardecer?
Di, si sobre tu apacible pecho
descansan los espíritus difuntos,
Pues ¿quién desearía un hogar más hermoso,
Que en esa brillante y refulgente cúpula? (1)

Me estremecí y me volví justo a tiempo para oír la voz de Blanchetta llamándome desde arriba: "Yoo-hoo, Cathy, el Sr. Hawthorne está de camino".

Llevaba un bigote chocolate con motas grises y una larga melena ondulada. Su frente estaba enmascarada por un pequeño rizo y sus pesadas cejas oscuras parecían resaltar el color azul oscuro de sus ojos.

Me tendió la mano, cogió mi otra mano entre las suyas y la estrechó mientras me miraba a los ojos. Era como si intentara leerme.

Al cabo de unos segundos, respiró hondo, se inclinó y expresó su preocupación por Madame Delatour. Le aseguré que la había visto un médico y que estaría bien si seguía sus órdenes.

Entonces, inesperadamente, el Sr. Hawthorne preguntó

P: Tengo entendido que eres un escritor en ciernes.

R: Sí, señor Hawthorne.

P: Entonces éste es mi consejo para ti, y es el consejo más importante que puedo darte. Escucha con atención, quizá sea lo único que pueda ofrecerte.

Cuando lanza sus hojas al viento, el autor se dirige, no a los muchos que desecharán su volumen, o que nunca lo cogerán, sino a los pocos que le comprenderán, mejor que la mayoría de sus compañeros de escuela o de vida.

Algunos autores, de hecho, hacen mucho más que esto, y se entregan a profundidades de revelación tan confidenciales que podrían dirigirse única y exclusivamente al corazón y a la mente de la simpatía perfecta; como si el libro impreso, lanzado a lo largo y ancho del mundo, fuera a descubrir el segmento dividido de la propia naturaleza del escritor, y completara su círculo de existencia llevándole a la comunión con él.

Pero como los pensamientos se congelan y la expresión se entumece a menos que el orador se encuentre en una relación verdadera con su audiencia, puede ser perdonable imaginar que un amigo, un amigo amable y comprensivo, aunque no el más íntimo, está escuchando nuestra conversación; y entonces, descongelada una reserva nativa por esta conciencia genial, podemos hablar de las circunstancias que nos rodean, e incluso de ti mismo, pero manteniendo el Yo más íntimo tras su velo. Hasta este punto, y dentro de estos límites, un autor puede ser autobiográfico sin violar los derechos del lector ni los suyos propios. (2)

P: Gracias, Sr. Hawthorne, me ha dado mucho sobre lo que reflexionar. Ahora, si quiere tomar un vaso de limonada y sentarse, ¿podríamos empezar la entrevista?

R: Estoy satisfecho Cathy. La palabra es tuya, por lo tanto, puedes proceder.

P: ¿Es cierto que leíste "El progreso del peregrino" siendo muy joven?

R: Fue una alegría leer ese libro y otros cuando tenía seis años. Mi padre murió cuando yo tenía cuatro años y aprender a leer me abrió todo un mundo nuevo. Me encantaba "El progreso del peregrino" y "El castillo de la indolencia" de James Thomson me produjo un deleite especial. Leí "Faerie Queene" de Spenser, que compré con el primer dinero que gané en mi vida. (3)

P: ¿Qué momento de tu vida recuerdas con más cariño?

R: Cuando tenía catorce años, nos trasladamos al lago Sebago, en Maine. Vivía como un pájaro del aire, tan perfecta era la libertad de la que disfrutaba... ¡Ah, qué bien recuerdo los días de verano; también, cuando, con mi pistola, vagaba a mis anchas por los bosques de Maine! Todo es hermoso en la juventud, pues entonces todo le está permitido... Aunque fue allí donde adquirí por primera vez mis malditos hábitos de soledad. (4)

P: Todo escritor necesita la soledad, ¿pero de niño no la recomiendas?

R: ¿Recomendar? No. Sin embargo, esa soledad que sentía de niña me obligó a leer todo lo que encontraba. Leía "Las novelas de Waverley", a Rousseau y "El calendario de Newgate", y solía inventarme largas historias sobre lo que quería hacer y adónde quería ir cuando fuera mayor. Siempre concluía mis historias con ¡y no volveré nunca más! (5)

P: ¿Es cierto que creaste tu propio periódico cuando eras niño?

R: Sí, es cierto. Lo llamé "El Espectador", nada original, ¿verdad? Duró apenas seis números y luego informé a mis suscriptores -de los cuales había uno, yo mismo- de que no se había producido ninguna muerte de importancia, salvo la del editor de dicho periódico, que murió de inanición, debido a la escasez de su patrocinio. (6)

P: ¿Cómo y cuándo decidiste convertirte en escritor?

R: A los diecisiete años ingresé en el Bowdoin College. Escribí a mi madre:

No quiero ser médico y vivir de las enfermedades de los hombres; ni ministro, para vivir de sus pecados; ni abogado, y vivir de sus rencillas. Así pues, no veo que me quede más remedio que ser autor. ¿Qué te parecería ver algún día una estantería llena de libros escritos por tu hijo, con "Obras de Hawthorne" impreso en el lomo?

No vi su respuesta cuando recibió mi carta, pero más tarde supe con certeza que no le impresionaba mi elección profesional. (7)

P: ¿Sentías que podías demostrar a tu familia que estaba equivocada, o había alguna esperanza de cambiar sus ideas preconcebidas sobre ti?

R: No reconocerían como loable ningún objetivo que yo hubiera acariciado; no considerarían que ningún éxito mío -si es que mi vida, más allá de su ámbito doméstico, se hubiera visto alguna vez iluminada por el éxito- fuera algo más que inútil, cuando no positivamente vergonzoso. "¿Qué es?", murmura una sombra gris de mis antepasados a la otra. "¡Un escritor de libros de cuentos! ¿Qué clase de actividad puede ser ésa, qué modo de glorificar a Dios o de ser útil a la humanidad en su época y generación? Ese degenerado bien podría haber sido violinista". Tales son los cumplidos que nos lanzamos mis bisnietos y yo a través del abismo del tiempo. Y sin embargo, que me desprecien como quieran, fuertes rasgos de su naturaleza se han entrelazado con la mía. (8)

P: Todos los escritores reciben rechazos. ¿Cómo gestionaste esos rechazos, si es que los hubo?

R: ¿Si los hubo? ¿Bromeas? En mi época universitaria, escribía poemas y bocetos. Los junté y los llamé "Siete cuentos de mi tierra natal". Se los ofrecí a la editorial n° 1. Lo rechazaron cortésmente. Se los ofrecí al editor n° 2, que lo rechazó descortésmente. A la editorial n° 3, que lo aceptó y lo mantuvo tanto tiempo sin publicar que les exigí que me lo devolvieran. ¿Cómo gestioné el rechazo en realidad? ¡Lo quemé! (9)

P: Vaya, eso debió de doler. ¿Te planteaste tirar la toalla?

R: No estoy familiarizado con esa frase, pero entiendo lo que quieres decir. Por tanto, mi respuesta es no. Escribí todavía y publiqué anónimamente a mi costa una novela llamada "Fanshawe". Me costó 100 dólares y las ventas fueron escasas. Siendo así, nunca admití públicamente que yo fuera su autor. (10)

P: Más adelante, en tu vida, ¿encontraste consuelo en la soledad?

R: Era como un niño asustado, incluso a los 38 años. Lo único que quería era escapar de la sociedad. Si veía a un hombre deambulando, me apresuraba a trepar por las rocas y refugiarme en un rincón que muchas horas secretas me han dado derecho a llamar mío. Yo era así, hasta que conocí a mi esposa Sofía. (11)

P: Te casaste con Sophia el 9 de julio de 1842 y te mudaste a la Old Manse de Concord.

R: Fue allí donde escribí "Musgos". Mi esposa era mi única compañera y no necesitaba a ninguna otra; no había más vacante en mi mente que en mi corazón. A decir verdad, pasé tantos años totalmente aislado de toda sociedad humana que no era de extrañar que sintiera todos mis deseos satisfechos por esta única relación. Pero ella había venido a mí de en medio de muchos amigos y de un gran círculo de conocidos;

sin embargo, vivía de día en día en la soledad, sin ver a nadie excepto a mí y más tarde a nuestros hijos, mientras la nieve de nuestra avenida no era hollada durante semanas por ninguna pisada excepto la mía; no obstante, siempre estaba tan alegre. Gracias a Dios, yo podía bastar a su corazón sin límites. (12)

P: Concord tenía bastante reputación en la comunidad de escritores.

R: Vivíamos en las afueras, donde yo creaba historias y vivía de las ganancias que obtenía de ellas o me las apañaba hasta que me nombraron inspector de aduanas de Salem en 1846, con un sueldo de mil doscientos dólares al año. Pero esta suerte no duró mucho y en 1849, con un cambio político, fui destituido de mi cargo. Tenía cuarenta y cinco años, una esposa y dos hijos que mantener. Teníamos muy pocos ahorros y pocas perspectivas de un nuevo puesto. (13)

P: ¿Sentiste que el mundo estaba en tu contra y entonces escribiste tu novela más famosa de todas "La letra escarlata"?

R: Muchos tenían fe en mí, aunque yo tenía muy poca en mí mismo. Mi mujer. Mis amigos del colegio. Mi editor. Todos sentían que tenía algo en mí para crear una gran novela. Mi editor, James T. Fields, vino a visitarme a Salem. Me preguntó amablemente, como había hecho muchas veces antes, si había escrito algo últimamente. Mi respuesta fue: ¿qué editor se arriesgaría a publicar un libro mío, el escritor más impopular de América? Me dijo que lo haría con la mayor convicción. Le contesté que no tenía nada que mereciera la pena en mi repertorio. Justo cuando estaba a punto de marcharse, metí la mano en mi escritorio y saqué un manuscrito, preguntándole si quería echar un vistazo a aquel montón de basura. Aquel manuscrito era el borrador de "La letra escarlata". (14)

P: "La letra escarlata" se publicó en 1850 y vendió más de 5.000 ejemplares en diez días. ¿Qué le pareció a Sofía? ¿Le gustó?

R: Intenté leerle la conclusión a mi mujer, pues mi voz se hinchaba y se agitaba como si me zarandearan en un océano cuando se calma después de una tormenta. Le rompió el corazón -y la mandó a la cama con un fuerte dolor de cabeza-, lo que yo consideré un éxito triunfal. (15)

P: ¿De dónde surgió la idea?

R: Llegó un paquete misterioso a la Aduana y el objeto que más llamó mi atención fue una prenda de fina tela roja, muy gastada y descolorida. Tenía restos de bordados de oro, pero estaban muy deshilachados y desfigurados, de modo que no quedaba nada, o muy poco, del brillo. Había sido trabajado, como era fácil percibir, con una maravillosa destreza de aguja; y la puntada -como me aseguraron las damas versadas en tales misterios- daba pruebas de un arte ahora olvidado, que no puede recuperarse ni siquiera por el proceso de arrancar los hilos. Este trapo de tela escarlata -pues el tiempo, el uso y una polilla sacrílega lo habían reducido a poco más que un trapo-, al examinarlo detenidamente, adoptó la forma de una letra. Era la letra mayúscula "A". (16)

P: ¿Y qué aspecto tenía esta "A"?

R: Mediante una medición exacta, cada extremidad resultó tener exactamente tres pulgadas y cuarto de longitud. No cabía duda de que había sido concebida como una prenda ornamental; pero cómo debía llevarse, o qué rango, honor y dignidad significaban en épocas pasadas, era un enigma que -tan evanescentes son las modas del mundo en estos detalles- veía pocas esperanzas de resolver. Y, sin embargo, me interesaba extrañamente. Mis ojos se clavaron en la vieja letra escarlata y no se apartaron. Ciertamente, había en ella algún significado profundo, muy digno de interpretación, y que, por así decirlo, brotaba del símbolo místico, comunicándose sutilmente a mi sensibilidad, pero eludiendo el análisis de mi mente. (17)

P: ¿Te consumía el misterio de todo aquello?

R: Sí, mientras estaba así perplejo -y meditaba, entre otras hipótesis, si la letra no sería una de esas decoraciones que los hombres blancos solían inventar para atraer la mirada de los indios-, la coloqué por casualidad sobre mi pecho. Me pareció -puedes sonreír, pero no debes dudar de mi palabra- me pareció entonces que experimentaba una sensación no del todo física, pero casi, como de calor ardiente; y como si la carta no fuera de tela roja, sino de hierro al rojo vivo. Me estremecí e involuntariamente la dejé caer al suelo.

En la absorbente contemplación de la letra escarlata, hasta entonces había descuidado examinar un pequeño rollo de papel sucio, alrededor del cual se había enroscado. Ahora lo abrí y tuve la satisfacción de encontrar registrado por la pluma del viejo agrimensor una explicación razonablemente completa de todo el asunto. (18)

P: ¿Había alguna información específica sobre la vida de una Hester Prynne real?

R: Sí, había varias hojas sueltas que contenían muchos detalles sobre la vida y las conversaciones de una tal Hester Prynne, que parecía haber sido un personaje digno de mención para nuestros antepasados. Había florecido durante el periodo comprendido entre los primeros días de Massachusetts y el final del siglo XVII. Personas de edad avanzada, vivas en la época del Sr. Agrimensor Pue, y a partir de cuyo testimonio oral había confeccionado su relato, la recordaban en su juventud como una mujer muy anciana, pero no decrépita, de aspecto señorial y solemne. Desde tiempos casi inmemoriales, tenía la costumbre de recorrer el país como una especie de enfermera voluntaria, y de hacer todo el bien que podía; asimismo, se encargaba de dar consejos en todos los asuntos, especialmente los del corazón; por este medio, como inevitablemente debe hacer una persona con tales propensiones, se ganó de mucha gente la reverencia debida a un ángel, pero imagino que otros la consideraban una intrusa y una molestia. (19)

P: ¿Hubo más descubrimientos?

R: Indagando un poco más en el manuscrito, encontré el registro de otros hechos y sufrimientos de esta singular mujer, titulado "La letra escarlata", y debe tenerse muy en cuenta que los principales hechos de esa historia están autorizados y autentificados por el documento del Sr. Agrimensor Pue. Los documentos originales, junto con la propia letra escarlata -una reliquia de lo más curiosa-, siguen en mi poder, y serán exhibidos libremente a quien, inducido por mi gran interés en la narración, desee verlos. (20)

P: Entonces, ¿supiste enseguida que esta "A", esta información que encontraste, era algo sobre lo que querías escribir?

R: Sabía que la historia de Hester Prynne requería mucha reflexión. Tan poco adaptada está la atmósfera de una Aduana a la delicada cosecha de la fantasía y la sensibilidad, que, de haber permanecido allí durante diez Presidencias aún por venir, dudo que la historia de "La letra escarlata" se hubiera presentado jamás a la luz pública. Mi imaginación era un espejo empañado. No reflejaría, o sólo lo haría con una miserable penumbra, las figuras con las que hice todo lo posible por poblarla. Los personajes de la narración no se calentarían ni se harían maleables por ningún calor que pudiera encender en mi olvido intelectual. No tomarían ni el brillo de la pasión ni la ternura del sentimiento, sino que conservarían toda la rigidez de los cadáveres y me mirarían a la cara con una mueca fija y espantosa de despectivo desafío. (21)

P: ¿Es cierto que "La letra escarlata" se convirtió una vez en ópera?

R: Sí, en el extranjero leí un periódico americano. Decía que se había escrito una ópera, aún inacabada, sobre mi libro y que varias escenas de la misma se habían representado con éxito en Nueva York. Creo que podría tener éxito como ópera, aunque sin duda fracasaría como obra de teatro. (22)

P: Mi primer libro fue una novela romántica. ¿Qué consejo darías a los escritores de ese género específico?

R: Cuando un escritor llama a su obra Romance, no hace falta decir que desea reivindicar cierta latitud, tanto en lo que se refiere a la moda como al material, que no se habría sentido autorizado a asumir si hubiera afirmado estar escribiendo una Novela. Se supone que esta última forma de composición aspira a una fidelidad muy minuciosa, no sólo a lo posible, sino al curso probable y ordinario de la experiencia del hombre. La primera -aunque, como obra de arte, debe someterse rígidamente a las leyes, y aunque peca imperdonablemente en la medida en que puede desviarse de la verdad del corazón humano-

tiene bastante derecho a presentar esa verdad en circunstancias, en gran medida, elegidas o creadas por el propio escritor.

Si lo considera oportuno, también puede manejar su medio atmosférico para resaltar o suavizar las luces y profundizar y enriquecer las sombras del cuadro. Sin duda, será prudente que haga un uso muy moderado de los privilegios aquí expuestos y, sobre todo, que mezcle lo Maravilloso más como un sabor ligero, delicado y evanescente, que como una porción de la sustancia real del plato ofrecido al público. Sin embargo, difícilmente puede decirse que cometa un delito literario, aunque haga caso omiso de esta precaución. (23)

P: ¿Qué importancia crees que tiene un propósito moral al escribir una novela?

R: Muchos escritores hacen mucho hincapié en un propósito moral definido, al que pretenden dirigir sus obras. Para no ser deficiente en este aspecto, el autor se ha dotado a sí mismo de una moraleja: la verdad, a saber, que la maldad de una generación perdura en las sucesivas y, despojándose de toda ventaja temporal, se convierte en maldad pura e incontrolable; y sentiría una gratificación singular si este romance pudiera convencer eficazmente a la humanidad -o, de hecho, a cualquier hombre- de la insensatez de hacer caer una avalancha de oro mal habido, o de bienes raíces, sobre las cabezas de una posteridad desafortunada, para así mutilarlas y aplastarlas, hasta que la masa acumulada se esparza por el mundo en sus átomos originales. (24)

P: Entonces, ¿no crees que el género romántico deba intentar educar?

R: Cuando los romances realmente enseñan algo, o producen alguna operación eficaz, suele ser mediante un proceso mucho más sutil que el ostensible, por el que el autor ha considerado que apenas vale la pena, por tanto, empalar implacablemente la historia con su moraleja, como con una barra de hierro -o más bien como clavando un alfiler en una mariposa-, privándola así a la vez de vida y haciendo que se endurezca en una actitud desgarbada y antinatural. Una verdad elevada, en efecto, justa, fina y hábilmente elaborada, que ilumine a cada paso y corone el desarrollo final de una obra de ficción, puede añadir una gloria artística, pero nunca es más verdadera, y rara vez más evidente, en la última página que en la primera. (25)

P: ¿Cómo debe esforzarse entonces un escritor por conectar con los lectores?

R: Tal vez un lector decida asignar una localidad real al acontecimiento imaginario de la narración. Si lo permitiera la conexión histórica -que, aunque leve, era esencial para el plan del escritor-, el autor habría evitado de muy buena gana cualquier cosa de esta naturaleza. Por no hablar de otras objeciones, expone el romance a una especie de crítica inflexible y sumamente peligrosa, al poner sus imágenes de fantasía casi en contacto positivo con las realidades del momento.

No ha sido parte de su objetivo describir las costumbres locales, ni inmiscuirse en modo alguno en las características de una comunidad por la que siente el debido respeto y una consideración natural. Confía en que no se le considere un ofensor imperdonable por trazar una calle que no vulnera los derechos privados de nadie, por apropiarse de un terreno que no tenía dueño visible y por construir una casa con materiales utilizados desde hace mucho tiempo para construir castillos en el aire. Los personajes del relato -aunque se presentan como de antigua estabilidad y considerable prominencia- son en realidad obra del autor o, en todo caso, de su propia mezcla; sus virtudes no pueden arrojar ningún brillo, ni sus defectos redundar, en el más remoto grado, en descrédito de la venerable ciudad de la que profesan ser habitantes. Se alegraría, por tanto, de que -especialmente en el barrio al que alude- el libro pudiera leerse estrictamente como un Romance, que tiene mucho más que ver con las nubes que lo cubren que con cualquier porción del suelo real del lugar sobre el que escribe. (26)

P: Durante tu viaje a Gran Bretaña, ¿qué es lo que más te ha llamado la atención?

R: Visité el Museo Británico, un asunto sumamente tedioso. Ver tantas cosas a la vez es algo que aplasta a una persona, y deambulé de una sala a otra con el corazón cansado y apesadumbrado. El presente está demasiado cargado de pasado. (27)

P: ¿Tienes algún otro consejo para los escritores del futuro?

R: Los únicos fines sensatos de la literatura son, en primer lugar, el trabajo placentero de escribir; en segundo lugar, la gratificación de la propia familia y amigos; y, por último, el dinero sólido. (28)

P: Lamento decirte que nuestro tiempo se acaba. Muchas gracias por aceptar ser entrevistado. Este libro no estaría completo sin un capítulo sobre ti.

R: Te lo agradezco humildemente y te dejo con una lectura de:

LA LETRA ESCARLATA

Cuando la joven -la madre de este niño- se presentó ante la multitud, pareció que su primer impulso era estrechar al niño contra su pecho, no tanto por un impulso de afecto maternal como para ocultar así cierta señal que llevaba forjada o prendida en el vestido. En un momento, sin embargo, juzgando sabiamente que una muestra de su vergüenza no serviría más que para ocultar otra, cogió al bebé del brazo y, con un ardiente rubor, pero con una sonrisa altiva y una mirada que no se avergonzaba, miró a su alrededor, a sus vecinos y a la gente del pueblo. En el pecho de su vestido, en fina tela roja, rodeada de elaborados bordados y fantásticas florituras de hilo de oro, aparecía la letra A. Estaba tan artísticamente hecha, y con tanta fertilidad y magnífica exuberancia de fantasía, que tenía todo el efecto de una última y apropiada decoración para la ropa que llevaba, y que era de un esplendor acorde con el gusto de la época, pero mucho más allá de lo que permitían las normas suntuarias de la colonia. (29)

Cuando terminó de recitar, desapareció, y yo continué leyendo donde él había dejado durante bastante tiempo.

Nathaniel Hawthorne era muy respetado por sus colegas escritores, que le rindieron homenaje en su entierro, entre ellos Longfellow, Holmes, Whittier, Lowell, Emerson, Agassiz y Pierce.

Os dejo con estas palabras, escritas por Henry Wadsworth Longfellow en el momento de la muerte del Sr. Hawthorne:

HAWTHORNE [1804-1864]
Qué hermoso fue aquel día luminoso
¡En la larga semana de lluvia!
Aunque todo su esplendor no pudo ahuyentar
El dolor omnipresente.
La hermosa ciudad estaba blanca de manzanos en flor,
Y los grandes olmos
Oscuras sombras tejían en sus telares aéreos
atravesadas por hilos de oro.

A través de los prados, junto a la vieja y gris mansión,
fluía el histórico río;
Yo era como quien vaga en trance,
Inconsciente de su camino.
Los rostros familiares me parecían extraños;
Podía oír sus voces,
pero las palabras que pronunciaban parecían cambiar
su significado a mis oídos.
Pues el rostro que buscaba no estaba allí,
La voz grave estaba muda;
Sólo una presencia invisible llenaba el aire
Y desconcertó mi búsqueda.
Ahora miro hacia atrás, y el prado, la mansión y el arroyo
definen vagamente mi pensamiento;
Sólo veo -un sueño dentro de un sueño-
La cima de la colina llena de pinos.
Sólo oigo por encima de su lugar de descanso
Su tierno susurro,
Los anhelos infinitos de un pecho atribulado,
La voz tan parecida a la suya.
Allí, aislada y alejada de los hombres
Yace fría la mano del mago
Que a su máxima velocidad dejó caer la pluma,
Y dejó la historia a medio contar.
Ah! ¿Quién levantará esa varita de mágico poder
y recuperará la clave perdida?
Las ventanas inacabadas de la torre de Aladino

¡Inacabadas deben quedar! (30)

Mi consejo es que busques las obras del Sr. Hawthorne. No te decepcionarán:

La letra escarlata

Cuentos contados dos veces

El romance de Blithedale

La casa de los siete tejados

La hija de Rappaccini

El Fauno de Mármol

Cuentos de Tanglewood

El romance de Dolliver

Cuadernos

Cuadernos ingleses

Nuestro Viejo Hogar - Una Serie de Bocetos Ingleses

Toda la Historia de la Silla del Abuelo

El Velo Negro del Ministro

El Artista de lo Bello

Las Formas de los Héroes

Los Cuadros Proféticos

El Niño Gentil

La imagen de madera de Drowne

El Holocausto de la Tierra

El Diablo en el Manuscrito

El Gran Hecho de Piedra

La catástrofe del Sr. Higginbotham

La Procesión de la Vida

Los Peregrinos de Canterbury

¡TTFN!

Cathy McGough

Tu Entrevistadora de Escritores Legendarios del Más Allá

LEACOCK CAUSA REVUELO

En otoño de 2000, la Sra. Delatour y yo estábamos recorriendo las colinas de Gatineau, en Quebec. Las hojas revoloteaban alrededor de nuestro coche mientras subíamos por las colinas. Los magníficos colores nos hacían desear un lugar donde detenernos para pasear y experimentar las vistas y los olores de una estación otoñal canadiense.

Por fin, dimos con el aparcamiento que nos llevaría a la Plataforma Continental. Los sonidos de las hojas crujiendo y parloteando mientras nos dirigíamos hacia el mirador nos obligaron a gritar para comunicarnos. Era un mediodía bastante fresco, y no había muchos otros lo bastante valientes como para retirarse del calor de sus automóviles para hacer turismo.

Paseamos por un sendero, mientras los aromáticos caminos cubiertos de musgo asaltaban nuestros sentidos y nos aislaban del viento. Hablamos

de literatura canadiense mientras deambulábamos
absorbiéndolo todo y en mi mente empezó un poema:

    El crujido de las hojas bajo mis pies

    crearon un latido rítmico en mi mente.

    Subiendo y bajando, mis plantas besaban el suelo,

    El poema en mi cabeza daba vueltas y vueltas.

    La voz del Sr. Leacock me devolvió al presente con
un recitado de:

EL PLAN SOCIAL

Conozco a un Hombre muy fastidioso

Que no para de decir: "Plan Social".

En cada Cena, en cada Charla

Donde los Hombres se reúnen, comen o pasean,

No importa dónde, -- este Hombre Horrible

Trae su maldito Plan Social.

La Caída del Trigo, la Subida del Pan,

Los Rompedores Sociales muertos por delante,

La Paradoja Económica

Que lleva a la Nación sobre las rocas,

Las Ruedas que la falsa Abundancia atasca --

Y nos espanta de criar Cerdos, --

Este campo lúgubre, el Hombre Sombrío

Examina y tose, El Plan Social.

Hasta que los hombres más sencillos

Su graznido agrava su mente

Y les hace evitar

Toda mención de los Desempleados,

Y les lleva incluso a aborrecer

A los que llaman Pobres Merecedores.

Por mí, mis simpatías pasan ahora

A la pobre Clase Plutocrática.

La Multitud que ahora me atrae

Es la que llama la Burguesía

Así que tengo un Plan Social

Para cogerle por el Cuello

Y encerrarlo en un furgón de equipajes

Y atarle un cheque,

Con la inscripción MOSCÚ VIA TURKESTÁN,

¿Qué te parece ese Plan Social? (1)

Madame Delatour no tenía ni idea de quién había escrito "El Plan Social", pero le divertía mucho. Le dije que era obra del canadiense Stephen Leacock y que era nuestro mejor humorista. Madame Delatour quiso saber por qué no le había pedido que se pusiera en contacto con el Sr. Leacock para una entrevista.

Para ser sincero, no estaba seguro de por qué no habíamos intentado hablar con él. Sugerí que podríamos discutirlo más a fondo, después de tener la oportunidad de investigar un poco.

Momentos después, me fijé en un caballero que caminaba hacia nosotros a lo lejos por el sendero. Madame Delatour se encogió de hombros y me dijo que el Sr. Leacock estaba dispuesto a ser interrogado aquí y ahora.

Me molestó un poco que no hubiera tiempo para hacer los preparativos necesarios, pero cuando trabajas con una psicópata -oops, quise decir vidente- aprendes a seguir la corriente.

La lluvia empezó a caer suavemente, con goterones ocasionales que se colaban por los huecos dejados por los árboles semideshojados. Corrimos y nos mantuvimos firmes con la espalda apoyada en un enorme arce esperando a que el Sr. Leacock se uniera a nosotros.

Iba vestido con un cómodo cárdigan marrón y parecía que estaría como en casa en un gran sillón crujiente La-Z-Boy, colocado frente a una chimenea rugiente fumando en pipa. Llevaba pantalones marrones, zapatos a juego (cubiertos de hojas húmedas) y una gorra escocesa a cuadros marrones. Llevaba los hombros encorvados para protegerse del viento y las manos metidas en los cálidos bolsillos de la rebeca.

Stephen Leacock nació el 30 de diciembre de 1869 en Hampshire, Inglaterra. Era el tercer hijo de una familia de once hermanos. Su familia emigró a Canadá en 1876. Compraron una granja de 100 acres en el pueblo de Sutton, Ontario.

El Sr. Leacock no tardó en reunirse con nosotros bajo el Arce. Charlamos brevemente sobre el tiempo (como es costumbre en Canadá) antes de proceder a la entrevista.

P: Debiste de emocionarte al ver tu primera casa canadiense. ¿Qué recuerdas de ella?

R: Nuestra granja con sus edificios era, diré, el lugar más maldito que había visto nunca. Lo recuerdo como si fuera ayer.

Bares y establos apestosos. Una triste velita para estudiar por la noche. Ah, y las noches de invierno, heladas de frío en la casa. (2)

P: ¿Decidiste hacerte maestra?

R: En aquella época tenía cierto don natural para la mímica, podía acertar fácilmente con las voces de la gente y reproducir instintivamente sus gestos. Por eso, cuando Jimmy Wetherell [el instructor principal], a mitad de una lección de inglés, me dijo muy cortésmente: "¿Ahora retomarías la lección en ese punto y la continuarías?". Lo hice con una entereza y un parecido a la voz y los modales de Jimmy que, por supuesto, encantaron a la clase. Las carcajadas recorrieron la sala.

Animado como artista, me pasé de la raya. El amable director lo vio y se puso colorado. Cuando terminé, me dijo en voz baja: "Me temo que admiro más tu inteligencia que tus modales".

Aquellas palabras me cortaron en seco. Las sentí tan ciertas y, sin embargo, tan carentes de malicia. Porque yo no tenía verdadero "nervio", ni verdadero "descaro". Era el arte de la imitación lo que me atraía. No me había dado cuenta de cómo podía afectar a la persona en cuestión. Con ello aprendí mi primera lección sobre la necesidad de la amabilidad humana como elemento del humor. (3)

P: Una lección bien aprendida. Aun así, seguiste una carrera docente.

R: Dedicarme a la enseñanza fue una cuestión de pura necesidad. Mi educación no me servía para nada, salvo para transmitirla a los demás. (4)

P: ¿Cómo te inspiraste para escribir "El Plan Social"?

R: Dando una conferencia ante una brillante galaxia de hombres y mujeres jóvenes, conocidos, en la universidad a la que pertenecen, como Economía Tres, se me ocurrió, y utilicé, la metáfora de un reformador social sentado como un cuervo en el alféizar de la ventana y graznando "Plan Social". Economía Tres" se despertó y se rió.

Esto me dio la idea de que podría ser de gran utilidad si los problemas económicos pudieran discutirse en forma de literatura de la imaginación. Esto ayudaría a alejar la discusión de los enfados y las amarguras que tan a menudo la rodean. Si no podemos discutirlo como caballeros, discutámoslo al menos como idiotas. Una vez concebida la idea, sólo tuve que escribir el poema.

Cuarenta años de duro trabajo en economía han eliminado todas las ideas que alguna vez tuve sobre ella. Creo que toda la ciencia es una ruina y hay que reconstruirla. Para nuestros problemas sociales hay tanta luz en la antigua economía como en una luciérnaga.

Sólo me parecen claras una o dos cosas. El comunismo de hierro fundido no es más que una penitenciaría. Tarde o temprano, o está condenado, o el hombre está condenado. Creo que la única base posible para la sociedad organizada es la de cada hombre para sí mismo, para sí mismo y para sus allegados. Pero sobre esta base debe ponerse en marcha un mecanismo social mucho más eficaz y mucho más justo. No necesitamos un nuevo juego, sino un nuevo conjunto de reglas. Debe haber pan y trabajo para todos; y eso debe significar muy poco trabajo y mucho pan. (5)

P: ¿Te importaría leer uno de tus relatos cortos?

R: ¡Esperaba que me lo pidieras!

MI CARRERA FINANCIERA

Cuando entro en un banco me pongo nervioso. Me sacuden los empleados, me sacuden las ventanillas, me sacude la visión del dinero, me sacude todo.

En el momento en que cruzo el umbral de un banco e intento hacer negocios en él, me convierto en un idiota irresponsable.

Lo sabía de antemano, pero me habían subido el sueldo a cincuenta dólares al mes y me pareció que el banco era el único lugar para ello.

Así que entré tambaleándome y miré tímidamente a los empleados. Tuve la idea de que una persona que iba a abrir una cuenta debía consultar al director.

Me acerqué a una ventanilla que decía "Contable". El contable era un diablo alto y frío. Sólo verle me estremeció. Mi voz era sepulcral.

"¿Puedo ver al gerente?" dije, y añadí solemnemente: "A solas". No sé por qué dije "a solas".

"Por supuesto", dijo el contable, y fue a buscarlo.

El gerente era un hombre grave y tranquilo. Tenía mis cincuenta y seis dólares apretados en una bola arrugada en el bolsillo.

"¿Es usted el gerente?" le dije. Dios sabe que no lo dudaba.

"Sí", respondió.

"¿Puedo verle", le pregunté, "a solas"? No quería volver a decir "a solas", pero sin él la cosa parecía evidente.

El director me miró alarmado. Creyó que tenía que revelarle un terrible secreto.

"Entra aquí", dijo, y me condujo a una habitación privada. Giró la llave en la cerradura.

"Aquí estamos a salvo de interrupciones", dijo, "siéntate".

Ambos nos sentamos y nos miramos. No encontré voz para hablar.

"Supongo que eres uno de los hombres de Pinkerton", dijo.

Por mis misteriosos modales había deducido que yo era detective. Sabía lo que estaba pensando, y eso me puso peor.

"No, no de Pinkerton -dije, dando a entender que procedía de una agencia rival.

"A decir verdad -continué, como si me hubieran incitado a mentir al respecto-, no soy detective en absoluto. He venido a abrir una cuenta. Tengo intención de guardar todo mi dinero en este banco".

El director parecía aliviado, pero seguía serio; ahora dedujo que yo era un hijo del barón Rothschild o un joven Gould.

"Una cuenta grande, supongo", dijo.

"Bastante grande", susurré, "me propongo depositar cincuenta y seis dólares ahora y cincuenta dólares al mes regularmente".

El director se levantó y abrió la puerta. Llamó al contable.

"Sr. Montgomery -dijo en voz alta y poco amable-, este caballero abre una cuenta, depositará cincuenta y seis dólares. Buenos días".

Me levanté.

Una gran puerta de hierro estaba abierta a un lado de la habitación. "Buenos días", dije, y entré en la caja fuerte.

"Sal", dijo fríamente el gerente, y me indicó el otro camino.

Me acerqué a la ventanilla del contable y le pinché la bola de dinero con un rápido movimiento convulsivo, como si estuviera haciendo un truco de prestidigitación.

Mi rostro estaba espantosamente pálido.

"Toma", dije, "deposítalo". El tono de las palabras parecía querer decir: "Hagamos esta cosa dolorosa mientras nos dura el ataque".

Cogió el dinero y se lo dio a otro empleado.

Me hizo escribir la suma en un papelito y firmar con mi nombre en un libro. Ya no sabía lo que hacía. El banco nadaba ante mis ojos.

"¿Está depositado?" pregunté con voz hueca y vibrante.

"Lo está", respondió el contable.

"Entonces quiero extender un cheque".

Mi idea era sacar seis dólares para uso actual. Alguien me dio un talonario de cheques a través de una ventanilla y otro empezó a decirme cómo extenderlo. La gente del banco tenía la impresión de que yo era un millonario inválido. Escribí algo en el cheque y se lo di al empleado. Lo miró.

"¿Qué? ¿Lo estás escribiendo todo otra vez?", preguntó sorprendido.

Entonces me di cuenta de que había escrito cincuenta y seis en vez de seis. Ahora estaba demasiado lejos para razonar. Tenía la sensación de que era imposible explicar el asunto.

Todos los empleados habían dejado de escribir para mirarme.

Imprudente por la miseria, me lancé.

"Sí, todo".

"¿Sacaste tu dinero del banco?".

"Hasta el último céntimo".

"¿No vas a ingresar más?", dijo el empleado, asombrado.

"Nunca".

Me asaltó la estúpida esperanza de que pensaran que algo me había insultado mientras extendía el cheque y que había cambiado de opinión. Hice un miserable intento de parecer un hombre con un temperamento terriblemente rápido.

El empleado se dispuso a pagar el dinero. "¿Cómo lo quiere?", dijo.

"¿Qué?

"¿Cómo lo tendrás?

"Oh" -capté lo que quería decir y contesté sin siquiera intentar pensar- "en billetes de cincuenta".

Me dio un billete de cincuenta.

"¿Y el de seis?", preguntó secamente.

"En seises", le dije.

Me lo dio y salí corriendo.

Cuando la gran puerta se cerró tras de mí, capté el eco de una carcajada que subió hasta el techo del banco.

Desde entonces no he vuelto a hacer operaciones bancarias. Guardo mi dinero en efectivo en el bolsillo del pantalón y mis ahorros en dólares de plata en un calcetín. (6)

El Sr. Leacock se metió la mano en los bolsillos del pantalón, sacó unos billetes canadienses y tintineó una pequeña cantidad de cambio. Una ardilla listada se dispersó por el camino, esperando que le ofrecieran comida, pero no había ni un mendrugo de pan a la vista.

P: ¿Qué es el humor?

R: El humor en su significado más elevado y su alcance más lejano... no depende de incongruencias verbales, ni de trucos de la vista y el oído. Encuentra su base en la incongruencia de la vida misma, y en el contraste entre las inquietantes preocupaciones y las mezquinas penas del día y el largo misterio del mañana. Aquí la risa y el llanto se hacen uno, y el humor se convierte en la contemplación e interpretación de nuestra vida. (7)

P: ¿Tienes algún consejo para los aspirantes a humoristas?

R: No intentes nunca ser gracioso, pues es una terrible maldición. He aquí un mundo que se va a pique y estoy preocupado. Sin embargo, cuando me presento ante un público para exponer mis serios pensamientos, empiezan a reírse. Me han anunciado como gracioso y se niegan a aceptarme como otra cosa. (8)

P: Me fascinan tus estudios sobre la educación y los primeros años de escuela, porque mi hijo está en la guardería. ¿Te importaría hablar de tus descubrimientos en ese ámbito?

R: Durante muchos siglos, la educación elemental se basó en gran medida en la idea de que ahorrar la vara malcriaba al niño y que la forma más rápida de llegar al intelecto juvenil era de abajo arriba. Pero uno recuerda, por otra parte, al pequeño "Emile" de Rousseau vagando entre las flores, y el surgimiento del Jardín de Infancia, el jardín de los niños, que ha ascendido desde la infancia hacia arriba en todo nuestro sistema educativo.

Recuerdo de mi propia infancia, en Inglaterra, una pequeña cartilla elemental llamada "Lectura sin lágrimas". En aquella época se consideraba una agradable innovación. (9)

P: ¿Podrías explicarte un poco más?

R: En otras palabras, intento decir que en gran parte de nuestra educación (al menos en la práctica) es más rápido ir de lo desconocido a lo conocido. Proceder ad obscurum per obscurius suele ser tan útil como atravesar un túnel para ahorrarse dar la vuelta a una montaña. (10)

En nuestros días no podemos dejar la educación al impulso sin ayuda del deseo individual de saber y del propio interés del individuo por saber. La educación no puede abandonarse a sí misma. En gran medida, las artes creativas de la pintura, la escultura y la música pueden dejarse sin más reconocimiento por parte del Estado y la ley que un generoso apoyo pecuniario. Pero la educación, por necesidad obvia, debe estar bajo el cuidado constante y la regulación detallada de la sociedad en general. Cualesquiera que sean las deficiencias, hay que admitirlas y afrontarlas o mitigarlas lo mejor que podamos. (11)

P: Diste bastantes conferencias. ¿Cuál es tu momento más memorable?

R: A una experiencia de mi gira como conferenciante siempre podré volver la vista atrás con satisfacción. Casi tuve el placer de matar de risa a un hombre: y esto en el sentido más literal. Los conferenciantes americanos han soñado a menudo con hacer esto. Yo estuve a punto de hacerlo.

El hombre en cuestión era un hombre de aspecto apoplético y cómodo, con el tipo de cara alegre y rubicunda que se ve en los países donde no existe la prohibición. Estaba sentado cerca del fondo de la sala y se reía a carcajadas.

De repente, me di cuenta de que algo estaba ocurriendo. El hombre se había desplomado de lado en el suelo; un grupito de hombres se reunió a su alrededor; lo levantaron y pude ver cómo se lo llevaban fuera, una masa silenciosa e inerte.

Como si fuera mi deber, seguí con mi conferencia. Pero mi corazón latía de satisfacción. Estaba seguro de haberlo matado.

Podéis juzgar hasta qué punto se elevaron estas esperanzas cuando un momento o dos después se entregó una nota al presidente, quien me pidió que hiciera una pausa en mi conferencia, se levantó y preguntó: "¿Hay algún médico entre el público?".

Un médico se levantó y salió en silencio.

La conferencia continuó, pero ya no hubo risas; mi objetivo había pasado a ser matar a otro de ellos, y ellos lo sabían.   Eran conscientes de que si empezaban a reír, podrían morir.

Al cabo de unos minutos, el presidente recibió una segunda nota. Anunció muy seriamente: "Se necesita un segundo médico". La conferencia continuó en un silencio más profundo que nunca. Todo el público esperaba un tercer anuncio. Llegó.

Se entregó un nuevo mensaje al presidente. Se levantó y dijo: "Si el Sr. Murchison, el enterrador, se encuentra entre el público, tenga la amabilidad de salir".

Ese hombre, lamento decirlo, se curó. (12)

P: ¿Hay algo peor que tener a un abucheador entre el público?

R: ¡Sí! Me parece, por ejemplo, que dondequiera que voy siempre hay sentado entre el público, a unos tres asientos de la parte delantera, un hombre silencioso con una gran cara inmóvil como un melón. Siempre está ahí. He visto a ese hombre en todos los pueblos o ciudades, desde Richmond, Indiana, hasta Bournemouth y Hampshire. Me persigue. Llego a esperarle. Tengo ganas de saludarle con la cabeza desde el estrado. Y me parece que a todos los demás conferenciantes les ocurre lo mismo. Vayan donde vayan, el hombre de la cara grande siempre está allí. Nunca se ríe; no importa si la gente a su alrededor se ríe a carcajadas, él permanece sentado como una roca -o no, como un sapo-, inamovible.

No sé lo que piensa. No puedo adivinar por qué viene a las conferencias. (13)

P: Has dado conferencias por todo el mundo. ¿Alguna impresión que quieras compartir?

R: Me parece que recibo las impresiones con gran dificultad y no tengo nada de esa facilidad para captarlas que muestran los escritores británicos sobre América. Recuerdo que Hugh Walpole me dijo que apenas podía pasear por Broadway sin llevarse al menos tres dólares, y en la Quinta Avenida, cinco; y recuerdo que St. John Ervine vino a mi casa en Montreal, bebió una taza de té, tomó prestado tabaco y se marchó con sesenta dólares de impresiones sobre la vida y el carácter canadienses. (14)

P: ¿Quizás si te lo redujera entonces? ¿Cuál fue tu impresión de Londres, Inglaterra?

R: Un significado mucho más profundo se encuentra en el examen de los grandes monumentos históricos de la ciudad. Los principales de ellos son la Torre de Londres, el Museo Británico y la Abadía de Westminster.

Ningún visitante de Londres debería dejar de verlos. De hecho, debería sentir que su visita a Inglaterra ha sido en vano si no los ha visto.

Hablo con firmeza sobre este punto porque lo siento así.

En mi opinión, hay algo en la sombría fascinación de la histórica Torre, en la quietud enclaustrada del Museo y en la majestuosidad de la antigua Abadía, que hará que lamente toda mi vida no haber visto ninguna de las tres. Tenía toda la intención de hacerlo, pero fracasé, y sólo puedo esperar que las circunstancias de mi fracaso puedan ser útiles para otros visitantes. (15)

P: ¿No viste ninguno de esos lugares imprescindibles? Sr. Leacock, ¿por qué no?

R: La Torre de Londres sí que tenía intención de inspeccionarla. Cada día, a la manera de todo turista, escribía para mí una pequeña lista de cosas que hacer y siempre ponía en ella la Torre de Londres. Sin duda, el lector conoce el tipo de pequeña lista a la que me refiero. Dice así

1. 1. Ir al banco.
2. Comprar una camisa.
3. Galería Nacional de Arte.
4. Hojas de afeitar.
5. Torre de Londres.
6. Jabón.

Lamento decir que este itinerario nunca se llevó a cabo en su totalidad. (16)

P: ¿Quizá preferiste pasar desapercibido, para que la gente no pudiera jugar a detectar al turista?

R: Al fin y al cabo, los londinenses, al no ver sus propias maravillas, sólo son como el resto del mundo. La gente que vive en Búfalo nunca va a ver las cataratas del Niágara; la gente de Cleveland no sabe cuál es la casa del Sr. Rockefeller, y la gente vive e incluso muere en Nueva York sin subir a lo alto del edificio Woolworth.

Y de todos modos, el pasado es remoto, y el presente está cerca.

Conozco a un taxista en la ciudad de Quebec cuyo oficio en la vida es llevar a la gente a ver las Llanuras de Abraham, pero a menos que le molesten para que lo haga, no les enseña el lugar donde cayó Wolfe: lo que sí señala con verdadero entusiasmo es el lugar donde el Alcalde y el Ayuntamiento se sentaron en la plataforma de madera que montaron para la celebración municipal un verano. (17)

El Sr. Leacock empezó a desvanecerse, mientras la lluvia empezaba a caer sobre nosotros como si estuviéramos en el corazón de una tormenta. Sonrió, mientras se agachaba y cogía unas crujientes hojas de arce. Contempló sus colores ardientes y se asombró claramente de lo vivas que parecían a pesar de que ya no formaban parte del árbol. Se las acercó a la nariz e inspiró profundamente, absorbiendo su fragancia. Una ardilla chilló por encima de nosotros, intentando captar nuestra atención mientras el Sr. Leacock se metía las hojas en el bolsillo y desaparecía de mi vista.

Volví corriendo al coche, donde Madame Delatour ya se había refugiado. Estaba sentada dentro con las ventanillas empañadas escuchando "Barry Manilow's Greatest Hits".

Pronto salimos de las colinas de Gatineau, tras haber tenido el privilegio de conocer al Sr. Stephen Leacock en un momento y un lugar inesperados.

El Sr. Leacock ofrece una amplísima lista de trabajos que incluyen ensayos sobre Economía y muchos otros temas. Espero que esta entrevista no haya hecho más que abrirte el apetito y puedo responder personalmente de lo siguiente:

Lapsus Literarios

Esbozos soleados de una pequeña ciudad

Aventuras arcádicas con ricos ociosos

Otras locuras

Ficción frenética

Cómo presentar a dos personas

Circuitos Cortos

El Pickwick seco

Las últimas hojas

Mi descubrimiento de Inglaterra

El humor: Su Teoría y Técnica,

Con Ejemplos y Muestras; Un Libro de Descubrimiento

El niño que dejé atrás

La Alucinación del Sr. Butt

Mi notable tío

La Existencia Retroactiva del Sr. Juggins

El Amanecer de la Historia de Canadá: Crónica del Canadá aborigen

Rayos de Luna de la Locura Mayor

Novelas sin sentido

Un Debate sobre la Libertad y la Obligación en la Educación

Detrás del Más Allá

Ficción y Realidad.

¡Hasta la próxima!

Cathy McGough

Tu Entrevistadora de Escritores Legendarios del Más Allá

KIPLING DE NUEVO EN AUSTRALIA

HA PASADO OTRA SEMANA. Madre mía, ¿dónde se ha metido el tiempo?

Para la entrevista de esta semana, vamos a retroceder en el tiempo. Atrás, atrás, al momento en que Madame Delatour trajo a Rudyard Kipling a mi casa.

El Sr. Kipling escribió un poema que se convirtió en mi himno durante los incómodos años de la adolescencia. Lo tenía en la pared de mi dormitorio en un póster gigante y todavía soy capaz de recitarlo de memoria:

SE PUEDE HACER

SI puedes mantener la cabeza cuando todos a tu alrededor

pierden la suya y te echan la culpa,

SI puedes confiar en ti misma cuando todos los hombres dudan de ti,

Pero ten en cuenta que ellos también dudan;

SI puedes esperar y no cansarte esperando,

O que te mientan, no trates con mentiras,

O que te odien, no cedas al odio,

Y sin embargo no te veas demasiado bien, ni hables demasiado sabiamente:

SI puedes soñar - y no hacer de los sueños tu amo;

SI puedes pensar - y no hacer de los pensamientos tu objetivo,

SI puedes encontrarte con el Triunfo y el Desastre

Y tratar igual a esos dos impostores

SI puedes soportar oír la verdad que has dicho

tergiversada por truhanes para hacer una trampa para tontos,

O ver cómo se rompen las cosas a las que diste tu vida,

e inclinarte y construirlas con herramientas gastadas;

SI puedes hacer un montón de todas tus ganancias

Y arriesgarlo en una vuelta de pitch-and-toss

y perder, y empezar de nuevo desde el principio

Y nunca digas una palabra sobre tu pérdida;

SI puedes forzar tu corazón, tus nervios y tus tendones

Para servir a tu turno mucho después de que se hayan ido,

Y así aguantar cuando no haya nada en ti

Excepto la Voluntad, que les dice: "¡Aguanta!"

SI puedes hablar con las multitudes y mantener tu virtud

O caminar con Reyes - ni perder el toque común,

SI ni los enemigos ni los amigos cariñosos pueden herirte,

SI todos los hombres cuentan contigo, pero ninguno demasiado;

SI puedes llenar el minuto implacable

Con sesenta segundos de distancia recorrida,

Tuya es la Tierra y todo lo que hay en ella,

Y -lo que es más- ¡serás un hombre hijo mío! (1)

¿Quién no puede -NO QUIERE- sentirse inspirado por esas palabras?

Rudyard Kipling nació el 30 de diciembre de 1865 y pasó su infancia en Bombay, India.

En ese momento, el Sr. Kipling salió al balcón y le di la bienvenida a mi casa de Sydney, Australia.

Le imploré que tomara asiento y le ofrecí una copa del mejor Oporto de Australia. Aceptó un jigger y yo serví uno para mí y luego brindamos por las urracas, nuestro único público.

P: ¿Cómo llegaste a llamar a tu casa "Naulahka"?

R: "Naulahka" procede de una novela que escribí en colaboración con mi cuñado Wolcott-Balestier. Significa "La Joya". Mi esposa Caroline y yo pensamos que el nombre era perfecto para el bungalow que habíamos construido en Brattleboro, Vermont, en 1892. Allí vivimos muy felices durante casi cinco años. (2)

P: ¿Siempre te ha gustado leer?

R: Era miope de nacimiento, pero de niño leía continua y omnívoramente decenas y decenas de dramaturgos antiguos... los viajes de Hakluyt, las traducciones francesas de los autores moscovitas Pushkin y Lermontov.

Cuando padre y madre se enteraron de que sabía leer, me enviaron volúmenes de valor incalculable. Uno lo conservé toda mi vida, un ejemplar encuadernado de "Aunt Judy's Magazine" de principios de los setenta, en el que aparecía "Mrs. Ewing's Six to Sixteen".

Debo a ese cuento más de lo que puedo contar. Me lo sabía, como me lo sé todavía, casi de memoria. Era una historia de personas y cosas reales. Era mejor que los "Cuentos a la hora del té" de Knatchbull-Hugessen. Mejor incluso que "El viejo Shikari", con sus grabados en acero de cerdos embistiendo y tigres furiosos.

En otro plano había una vieja revista con "Escalé la oscura cresta del poderoso Helvellyn" de Scott. No sabía nada de su significado, pero las palabras conmovían y agradaban. Lo mismo ocurrió con otros extractos de los poemas de A. Tennyson.

Cuando mi padre me envió "Robinson Crusoe" con grabados en acero, me establecí en solitario como comerciante con salvajes (las partes de naufragio del cuento nunca me interesaron demasiado), en una mohosa habitación del sótano donde soportaba mis confinamientos solitarios. Mi aparato consistía en una cáscara de coco atada a una cuerda roja, un baúl de hojalata y un trozo de caja de embalaje -que mantenía alejado a cualquier otro mundo. Así, cercada, todo lo que había dentro de la valla era muy real, pero mezclado con el olor de los armarios húmedos. Si se caía el trozo de cartón, tenía que volver a empezar la magia. Desde entonces, he aprendido de los niños que juegan mucho solos que esta regla de volver a empezar en un juego de simulación no es infrecuente. La magia, como ves, reside en el anillo o valla en el que te refugias. (3)

P: ¿Tengo entendido que comprasteis unas tierras canadienses en vuestra luna de miel?

R: Caroline y yo nos casamos en la iglesia de Langham Place - Gosse - y pocos días después nos montamos en nuestra alfombra mágica, que nos iba a llevar a dar la vuelta a la tierra, empezando por el Canadá nevado.

Entre nuestros regalos de boda había una generosa petaca de plata llena de whisky, pero de hábito incontinente. Goteaba en la valija donde reposaba con las camisas de franela. Y perfumó todo el Pullman de punta a punta antes de que llegáramos a la causa. Para entonces, todos nuestros compañeros de viaje compadecían a aquella pobre muchacha que había ligado su vida a aquel desvergonzado ebrio.

Así, en una falsa atmósfera propia de nuestra inocencia, llegamos a Vancouver, donde con la vista puesta en el futuro y como prueba de riqueza compramos, o creímos haber comprado, veinte acres de un descampado llamado North Vancouver, que ahora forma parte de la ciudad.

Pero la cosa tenía truco, como descubrimos muchos años después cuando, tras pagar impuestos por ella durante tanto tiempo, descubrimos que pertenecía a otra persona. Todo el consuelo que obtuvimos entonces de la sonriente gente de Vancouver fue:

"Se lo compraste a Steve, ¿verdad? Ah-ah, ¡Steve! No deberíais habérselo comprado a Steve. ¡No! A Steve no".

Y así fue como el bueno de Steve nos curó de especular con bienes inmuebles. (4)

P: Por favor, acepta mis disculpas (como canadiense de nacimiento) por la apropiación indebida de tus fondos por parte de Steve. ¿Quizás Steve era un Activista por los Derechos de los Animales y se enteró de que te apasionaba la caza?

R: Iba de caza al bosque, no de caza con armas, sino de "caza ocular". Amaba los bosques por sí mismos y no por la matanza. No había nada tan glorioso como el perfume empapado de sol y pino de la campiña de Nueva Inglaterra. Especialmente en verano. El verano

de Nueva Inglaterra lleva sangre criolla en las venas.
(5)

P: Eras una periodista de éxito en la India, y esperabas continuar tu carrera cuando te trasladaste a Estados Unidos. Sin embargo, el director de "The Examiner" no fue precisamente cooperativo.

R: Tenía veinticuatro años y llevaba varios escribiendo. Ya había escrito "El hombre que sería rey".

En cualquier caso, el Editor me dijo: "Lo siento, Sr. Kipling, pero usted no sabe utilizar la lengua inglesa. Disculparás mi brusquedad, pero "The Examiner" no es un jardín de infancia para escritores aficionados. (6)

P: ¡Ay, eso debe de doler! Sin embargo, siempre fuiste bien recibido y adorado en Australia. De hecho, Australia todavía honra tu visita aquí en 1821, con una placa en Circular Quay. ¿Cómo recuerdas Australia?

R: Mis recuerdos de los viajes por Australia se mezclan con los trenes que me trasladaban, a horas intempestivas, de un ancho de vía estatal demasiado exclusivo a otro; de enormes cielos y primitivas salas de avituallamiento, donde bebía té caliente y comía cordero, mientras de vez en cuando un viento caliente, como la mirada del Punjab, retumbaba en el vacío. Fui también a Sydney, que estaba poblada por multitudes ociosas, todas en mangas de camisa y haciendo picnic todo el día. (7)

P: Me encantaría oírte recitar un poema. ¿Te importaría leer "Ciudades, tronos y poderes", otro de mis favoritos?

R: ¡Excelente elección!

CIUDADES, TRONOS Y PODERES
Ciudades, Tronos y Poderes
De pie en el ojo del Tiempo,
Casi tanto como las flores
Que diariamente mueren:
Pero como brotes nuevos
Para alegrar a nuevos hombres,
De la Tierra gastada y desconsiderada
Las Ciudades resurgen.
El narciso de esta estación,
Nunca oye
Qué cambio, qué casualidad, qué frío,
Cortó el del año pasado;
Pero con semblante audaz,
Y pequeño conocimiento,
Considera que sus siete días
como perpetua.
Así, el tiempo que ha pasado
A todo lo que es,
nos ordena ser ciegos,
tan audaces como ella:
Que en nuestra misma muerte
Y entierro seguro,

Sombra a sombra, bien persuadido, dice,

"¡Mira cómo perduran nuestras obras!" (8)

P: ¡Qué cierto! Y hablando de gestión del tiempo, ¿tenías una estricta rutina diaria de escritura?

R: Trabajaba rigurosamente todos los días de 9 de la mañana a 1 de la tarde en mi escritorio. Nunca me molestaban, pues para entrar en mi estudio había que pasar por una habitación más pequeña -la llamaban la cámara del dragón-, donde mi mujer se sentaba con sus agujas de tejer y vigilaba atentamente que no hubiera intrusos inoportunos. Fue allí donde escribí: "El Capitán Coraje" y los dos Libros de la Selva. Así pues, la vigilancia de la Sra. Kipling no quedó sin recompensa. (9)

P: Leí en alguna parte que si escribes todos los días exactamente a la misma hora y en el mismo lugar, tu musa siempre sabrá dónde y cuándo encontrarte. ¿Estás de acuerdo?

R: La magia de la Literatura reside en las palabras, y no en ningún hombre. Testigo, mil palabras excelentes y extenuantes pueden dejarnos fríos o adormecernos, mientras que apenas medio centenar de palabras pronunciadas por algún hombre en su agonía, en su exaltación o en su ociosidad, hace diez generaciones, pueden llevar y sacar de su cautiverio a naciones enteras, pueden abrirnos las puertas de los tres mundos o agitarnos de forma tan intolerable que apenas podamos soportar mirar a nuestras propias almas. Es un milagro, que ocurre muy pocas veces.

Pero, en secreto, cada uno de los hombres sin amo de las palabras tiene la esperanza, o ha tenido la esperanza, de que el milagro vuelva a producirse a través de él. (10)

P: ¿Qué opinas sobre el origen de la Ficción?

R: La ficción empezó cuando algún hombre inventó una historia sobre otro hombre. Se desarrolló cuando otro hombre contó historias sobre una mujer. Esta extenuante época engendró la primera escuela de crítica destructiva, así como al Primer Crítico, que pasó su corta pero vívida vida intentando explicar que un hombre no necesita ser una gallina para juzgar los méritos de una tortilla. Murió, pero la cuestión que planteó sigue vigente. Los primeros escritores la heredaron de sus antepasados iletrados, que también les legaron todo el acervo de tramas y situaciones primigenias: esas cincuenta comedias y tragedias definitivas a las que los dioses limitan misericordiosamente la acción y el sufrimiento humanos. La mayoría de las Artes admiten la verdad de que no es conveniente contárselo todo a todo el mundo. La ficción no reconoce tal barrera. No hay emoción o estado de ánimo humano que esté prohibido agredir -no hay canon de reserva o piedad que deba respetarse- en la ficción. ¿Por qué habría de existir? Al fin y al cabo, el hombre no dice la verdad. Sólo escribe ficción. Mientras la escribe, su mundo extraerá de ella la cantidad de verdad o placer que necesite por el momento. Con el tiempo, un poco más, o mucho menos, del residuo puede trasladarse a la cuenta general, y allí, tal vez, desviarse hacia fines con los que el escritor nunca soñó. (11)

P: Se cuenta que regalaste el manuscrito de "El libro de la selva" a un miembro de tu familia. ¿Es cierto?

R: Se lo regalé a una enfermera que había cuidado devotamente a mi primogénito. Le aconsejé que se llevara el guión y que algún día, si necesitaba dinero, podría venderlo a un buen precio.

Años más tarde, cuando lo necesitó, lo vendió y vivió bien el resto de su vida. (12)

P: Qué gesto tan generoso. ¿Cómo te sentiste al ser cortejada por el "Ladies Home Journal"?

R: En absoluto. Millones de lectores disfrutaron con "El libro de la selva", y recibí más ofertas de revistas de las que pude aceptar.

En una ocasión, el director del "Ladies Home Journal", Edward W. Bok, me pidió que escribiera una historia para su revista. Me disgustaba la revista, por lo que solicité una tarifa exorbitante por el relato con la esperanza de asustar al editor.

Sin embargo, el Sr. Bok aceptó el precio, así que me apresuré a escribir la historia de "Guillermo el Conquistador", la eché al buzón y pensé que se había acabado el asunto. Pero no fue así.

Unos días más tarde recibí una nota del Sr. Bok, diciendo que la historia era "excelente", pero que si me importaba hacer un "cambio menor pero necesario en la copia".

La historia contenía una referencia al whisky y al champán, que eran dos bebidas tabú en el "Ladies Home Journal". El Sr. Bok me preguntó si "tendría la amabilidad de sustituirlas por un par de bebidas más suaves".

Le contesté con prontitud No, el Sr. Kipling no tendría la gentileza. O aceptas el whisky o devuelves la historia.

Al final, el Sr. Bok publicó el relato tal como yo lo había escrito. De este modo, fui el primer hombre que tuvo el privilegio de verter un vaso de whisky en las páginas del "Ladies Home Journal". (13)

P: ¿Tienes algún consejo que dar a los escritores en el futuro?

R: Cumple con tu deber, vive estoicamente, vive limpiamente, vive alegremente. (14)

El Sr. Kipling desapareció instantáneamente, sin tiempo siquiera para una inclinación de cabeza o un adiós.

Si no has leído las obras del Sr. Kipling, estás de suerte. Échales un vistazo para empezar, y pronto querrás más y más:

El hombre que quiso ser rey

El Naulahka - Una historia de Occidente y Oriente

El libro de la selva

Capitanes Valientes

El trabajo del día

Kim

Un libro de palabras

Algo de mí
Cancioncillas departamentales
El jardín de un niño
Una Leyenda de Verdad
La Hora del Ángel
El Gato que Caminaba Solo
El Camino de un Peregrino

¡Poi carukiren!
Cathy McGough
Tu Entrevistadora de Escritores Legendarios del
Más Allá

DICKENS Y TELETUBBY HILLS

BIENVENIDOS, AMIGOS MÍOS, A la entrevista de esta semana con uno de los más grandes escritores de la historia del mundo: El Sr. Charles Dickens. ¡Un silencio invade a la multitud!

Estáis a punto de conocer a un hombre que fue capaz de escribir no una novela, ni dos novelas, ¡sino TRES NOVELAS en un solo año! ¡El Sr. Dickens tampoco se detuvo ahí! También editó una revista y escribió una opereta en su "tiempo libre". (1) ¡Su Musa estaba muy ocupada!

No creo que nadie esté en desacuerdo conmigo si proclamo al Sr. Dickens ganador en la categoría de Primeras Líneas Famosas. Mientras esperamos la llegada del Sr. Dickens, veamos si puedes identificar la obra de la que procede esta línea:

He nacido. (2)

¿La conoces? ¿Quizá necesites una pequeña pista? Pues aquí la tienes:

Si resultaré ser el héroe de mi propia vida, o si ese puesto lo ocupará cualquier otro, estas páginas deben demostrarlo. (3)

¿Lo has adivinado? Sí, has acertado si pensabas que la frase estaba tomada de "David Copperfield", que se publicó por primera vez en 1869.

Ya casi es hora de que el Sr. Dickens haga su aparición, por lo que me dirijo hacia el lugar donde tendrá lugar nuestra entrevista. Aquí, el Sr. Dickens y yo estaremos rodeados de la belleza natural de Australia: magníficos eucaliptos, el río Cooks, colinas parecidas a Tele-tubby, un parque y un campo de fútbol desocupado.

Charles Dickens nació en Lanport, en el condado de Hampshire, Inglaterra, el 7 de febrero de 1812. De niño, cuando su padre se encontró en dificultades económicas, Charles trabajó en una fábrica de tizones mientras su familia era internada en una Prisión de Deudores en 1824. Tras una infancia difícil, asistió a la Academia Wellington de Londres, donde recibió cierta educación y más tarde se convirtió en reportero.

Ah, aquí está ahora el Sr. Dickens, caminando en mi dirección por el campo de fútbol vacío.

Parecía un tanto asombrado de lo que le rodeaba y, mientras le observaba, me pregunté dónde demonios estaría Madame Delatour. No estaba haciendo que el Sr. Dickens se sintiera muy bienvenido, ya que no estaba a la vista.

Al darme cuenta de que estaba totalmente solo, me levanté del banco de madera y me dirigí hacia él. A medida que nos acercábamos más y más, me di cuenta de su aspecto un tanto extraño.

Sin saber dónde mirar, miré a lo lejos, donde vi a Madame, escondida detrás de un árbol y riéndose entre dientes. ¡A veces puede ser muy grosera!

El Sr. Dickens me tendió la mano y me dijo:

Una flor que cobra vida -era la mirada que buscaba. ¿Qué tal lo hice? (4)

Consideré su intención, contemplando su aspecto de pies a cabeza. Al fin y al cabo, me había pedido mi opinión. Su pelo rojo fuego, su barba y su bigote. Su chaleco verde brillante. Sus pantalones lavanda. Su corbata escarlata. Sus ojos brillantes. (5)

Le aseguré que había tenido éxito, pues los pájaros y las abejas nunca mienten.

Satisfecho de sí mismo, pasó su brazo por debajo del mío mientras caminábamos hacia el banco del parque. Entonces el señor Dickens preguntó

¿En qué puedo servirle, querida señora?

P: En primer lugar, gracias por acompañarme hoy. Muchos escritores creen que hay que experimentar las cosas de primera mano para poder escribir sobre ellas. ¿Fue "Oliver Twist" autobiográfico?

R: Mi padre fue enviado a la cárcel de deudores durante tres meses por una deuda de 40 libras. Como éramos tan pobres, me enviaron a una fábrica de tizones a los doce años. Allí conocí a mi "Fagin". Estaba situada en un viejo edificio en ruinas cerca de Hungerford Stairs. No encajaba allí y, sin educación, sabía que me habían condenado a la rutina sin esperanza de un esclavo asalariado. Estuve allí sólo cinco meses, pero como era una niña, sentí que estaría allí para siempre. (6)

P: ¿Cómo recuerdas ese periodo de tu vida?

R: Me parece maravilloso que me desecharan tan fácilmente a esa edad. Me parece maravilloso que, incluso después de convertirme en la pobre zángana que había sido desde que llegamos a Londres, nadie tuviera suficiente compasión de mí -una niña de singulares aptitudes, rápida, ansiosa, delicada y que pronto se lastimaría física o mentalmente- como para sugerir que se podría haber ahorrado algo, como ciertamente se podría haber hecho, para colocarme en cualquier escuela común. (7)

P: Entonces, ¿creaste un personaje con el que pudieras identificarte, al tiempo que informabas a tus lectores?

R: Quería que fuera la historia de las cosas tal y como son en realidad. "Oliver Twist" era un documento social, una denuncia de los horrores de los pobres y los proscritos. Quería mostrar las terroríficas condiciones del hospicio, provocadas por la Ley de Pobres de 1834, una ley diseñada para que el socorro fuera tan poco atractivo que sólo los más desesperados recurrieran a él. La filosofía de la Ley de Pobres era que los indigentes acudían en masa al hospicio porque disfrutaban estando allí, una actitud que era ridícula.

Por eso lo describía así: un lugar habitual de entretenimiento público... una taberna en la que no había que pagar nada; un desayuno, cena, té y cena públicos durante todo el año; un Elíseo de mortero de ladrillo. La nueva ley hacía que las raciones fueran tan escasas que los pobres morían de hambre más rápidamente en un hospicio que fuera de él. El menú incluía Tres comidas de gachas finas al día, con una cebolla dos veces por semana, y medio panecillo, los domingos. (8)

P: ¿Cómo llegaste a escribir "Historia de dos ciudades"?

R: Cuando actuaba con mis hijos y amigos en el drama del Sr. Wilkie Collins "El abismo helado", concebí por primera vez la idea principal de esa historia. Sentía entonces un fuerte deseo de encarnarla en mi propia persona; y tracé en mi imaginación, con particular cuidado e interés, el estado mental que requeriría la presentación a un espectador observador.

A medida que me iba familiarizando con la idea, ésta fue adquiriendo su forma actual. A lo largo de su ejecución, tuvo completa posesión de mí; verifiqué lo que se sufría en las páginas, como lo había sufrido todo yo mismo. (9)

P: "David Copperfield" es una novela apasionante de principio a fin. ¿Cuánto tiempo te llevó escribirla?

R: Tal vez al lector le preocupe poco saber con qué tristeza se abandona la pluma al final de una tarea imaginativa de dos años; o cómo se siente un Autor al despedir una parte de sí mismo al mundo sombrío, cuando una multitud de criaturas de su cerebro se alejan de él para siempre. Sin embargo, no tenía nada más que contar, a menos que tuviera que confesar que nadie puede creer la narración, en la lectura, más de lo que yo la creí en la escritura. (10)

P: Muchos han comparado escribir una novela con dar a luz... Tus dos años de duro trabajo sin duda trajeron al mundo un personaje memorable.

R: De todos mis libros, es el que más me gusta. Se creerá fácilmente que soy un padre cariñoso con todos los hijos de mi fantasía, y que nadie puede querer a esa familia tanto como yo los quiero a ellos. Pero, como muchos padres cariñosos, tengo en el fondo de mi corazón un hijo favorito. Y se llama David Copperfield. (11)

DAVID COPPERFIELD

Capítulo I

Nací.

Si resultaré ser el héroe de mi propia vida, o si ese puesto lo ocupará cualquier otra persona, estas páginas deben demostrarlo. Para comenzar con el principio de mi vida, hago constar que nací (según me han informado y creo) un viernes, a las doce de la noche. Se observó que el reloj empezó a dar las campanadas y yo empecé a llorar, simultáneamente.

Teniendo en cuenta el día y la hora de mi nacimiento, la enfermera y algunas sabias mujeres de la vecindad, que se habían interesado vivamente por mí varios meses antes de que existiera la posibilidad de que nos conociéramos personalmente, declararon, en primer lugar, que yo estaba destinado a tener mala suerte en la vida y, en segundo lugar, que tenía el privilegio de ver fantasmas y espíritus; según ellas, ambos dones eran inevitables en todos los niños desafortunados de ambos sexos, nacidos hacia las primeras horas de la noche de un viernes. (12)

P: Sr. Dickens, cuando viajó por primera vez a Norteamérica en 1842, ¿qué es lo que más recuerda de aquel largo viaje?

R: A la tercera mañana, me despertó de mi sueño un grito lúgubre de mi esposa, que exigió saber si había algún peligro. Abrí los ojos y miré fuera de la cama.

La jarra de agua se zambullía y saltaba como un delfín vivaz; todos los objetos pequeños estaban a flote, excepto mis zapatos, que estaban varados sobre una bolsa de alfombra, altos y secos, como un par de barcazas de carbón. De repente los vi saltar por los aires, y he aquí que el espejo, que estaba clavado en la pared, se clavaba en el techo. Al mismo tiempo, la puerta había desaparecido por completo y se abría una nueva en el suelo. Fue entonces cuando empecé a comprender que el camarote estaba de cabeza. (13)

P: Tu mujer y tú debisteis de quedaros petrificados. Como alguien que se marea tomando un ferry por el puerto de Sydney, ¿cómo viajasteis?

R: No mareado, entiéndase bien, en la acepción ordinaria del término; ojalá lo hubiera estado, pero de una forma que nunca he visto ni oído describir, aunque no dudo de que es muy común.

Permanecí allí todo el día, tranquilo y contento, sin sensación de cansancio, sin deseos de levantarme, mejorarme o tomar el aire; sin curiosidad, preocupación o pesar de ningún tipo o grado, salvo que creo recordar que, en esta indiferencia universal, sentí una especie de alegría perezosa -un placer diabólico, si es que algo tan letárgico puede recibir este título- por el hecho de que mi mujer estuviera demasiado enferma para hablarme. (14)

P: ¿Era mejor viajar en tren?

R: Durante millas y millas y millas avanzamos en profundas soledades, ininterrumpidas por cualquier señal de vida humana o rastro de pisada humana; no se veía nada que se moviera a su alrededor excepto el arrendajo azul, cuyo color era tan brillante, y sin embargo tan delicado, que parecía una flor voladora. (15)

P: Ah, sí, el arrendajo azul. Qué cuadro tan perfecto has pintado. ¿Te importaría compartir tus recuerdos de uno de los lugares más bellos del mundo, las cataratas del Niágara?

R: Cuando me acerqué a ellas en el transbordador, entonces, es cuando sentí lo cerca de mi Creador que estaba, el primer efecto y el perdurable -instantáneo y duradero- del tremendo espectáculo, fue la Paz, y la Tranquilidad: Tranquilidad: Calmados recuerdos de los muertos: Grandes pensamientos de Descanso Eterno y Felicidad: nada de Pesadumbre y Terror. El Niágara se estampó de inmediato en mi corazón, una Imagen de Belleza; para permanecer allí, inmutable e indeleble, hasta que sus pulsaciones dejen de latir, para siempre.

¡Oh, cómo la lucha y los problemas de nuestra vida cotidiana se alejaron de mi vista y se redujeron en la distancia durante los diez días memorables que pasamos en aquel Lugar Encantado!

¡Qué voces hablaban desde las estruendosas aguas, qué rostros, desvanecidos de la tierra, me miraban desde sus resplandecientes profundidades, qué promesa celestial brillaba en las lágrimas de los ángeles, las gotas de muchos matices que llovían alrededor y se enroscaban en los magníficos arcos que formaban los cambiantes arco iris!

Pasear de un lado a otro durante todo el día y contemplar las cataratas desde todos los puntos de vista; pararse en el borde del gran Salto de la Herradura, observando cómo el agua se precipitaba con más fuerza a medida que se acercaba al borde, pero también parecía detenerse antes de precipitarse en el golfo; contemplar desde el nivel del río el torrente que descendía a raudales; subir a las alturas vecinas y observarlo a través de los árboles, y ver cómo el agua que se agitaba en los rápidos se apresuraba a dar su temible zambullida; Permanecer a la sombra de las solemnes rocas, tres millas más abajo; contemplar cómo el río, agitado sin causa visible, se agitaba, crepitaba y despertaba los ecos, agitado aún muy por debajo de la superficie, por su gigantesco salto; tener el Niágara ante mí, iluminado por el sol y por la luna, rojo en el ocaso del día y gris cuando la tarde caía lentamente sobre él; contemplarlo cada día, y despertarme por la noche y oír su voz incesante: esto era suficiente. (16)

P: Menudo viaje de vuelta a casa, Sr. Dickens. Muchas gracias. ¿Tiene algún consejo para los escritores de 2003 en adelante?

A: Diría simplemente que creo que ningún hombre de verdad, con algo que contar, debe tener el menor recelo, ni por sí mismo ni por su mensaje, ante un gran número de oyentes -siempre que no le aflija la idea coxcombinada de escribir para la inteligencia popular, en lugar de escribir la inteligencia popular para sí mismo, si por casualidad está por encima de ella- y, siempre que exprese claramente lo que hay en él, lo cual no parece una estipulación irrazonable, ya que se supone que tiene algún oscuro propósito de hacerse entender. (17)

P: Me temo que nuestro tiempo está llegando a su fin. ¿Me recitarías un poema? Si empieza a desvanecerse, lo terminaré por usted.

Cuando el Sr. Dickens empezó a leer, los niños fueron apareciendo uno a uno, desde más allá de las colinas que parecían Tele-tubos. Al principio, soltaron risitas ante el gracioso hombre, vestido como una flor, y él les guiñó un ojo. Se reunieron a su alrededor y le escucharon atentamente:

R: Este poema es para todos vosotros, pequeños, acercaos, no muerdo.

Sonrió cuando los niños se acercaron y esperó a que estuvieran todos sentados en silencio, entonces empezó:

LOS NIÑOS

Cuando las clases hayan terminado

Y la escuela del día se despide,

Y los pequeños se reúnen a mi alrededor

Para darme las buenas noches y besarme;

¡Oh! los bracitos blancos que rodean

¡Mi cuello en un tierno abrazo!

Las sonrisas que son halos del cielo

que derraman sol de alegría sobre mi rostro.

Y cuando se van me siento a soñar

Con mi infancia, demasiado hermosa para durar;

Con el amor que mi corazón bien recuerda

Cuando despierta al pulso del pasado,

Antes de que el mundo y su maldad hicieran de mí
Una porción de pena y pecado -
Cuando la gloria de Dios me rodeaba
Y la gloria de la alegría en mi interior.
¡Oh! Mi corazón se debilita como el de una mujer
Y la fuente del sentimiento fluye
Cuando pienso en el camino, escarpado y pedregoso
Por donde deben ir los pies de los seres queridos;
En las montañas de pecado que penden sobre ellos.
De la tempestad del destino soplando salvaje;
No hay nada en la tierra tan santo
Como el inocente corazón de un niño.
Son ídolos de corazones y de hogares;
Son ángeles de Dios, disfrazados;
Su luz aún duerme en sus cabellos,
Su gloria aún brilla en sus ojos.
¡Oh! Esos vagabundos del hogar y del Cielo.
Me hacen más varonil y apacible;
Y ahora sé cómo Jesús puede comparar
El reino de Dios a un niño.
No pido una vida para los queridos
Toda radiante, como han hecho otros;
Sino que la vida tenga la suficiente sombra
Para atenuar el resplandor del sol.
Rogaría a Dios que los protegiera del mal -
Pero mi plegaria volvería a mí mismo -
Un serafín puede rezar por un pecador,
Pero el pecador debe rezar por sí mismo.

La ramita se dobla tan fácilmente,
He desterrado la regla y la vara;
Les he enseñado la bondad del conocimiento,
Ellos me han enseñado la bondad de Dios.
Mi corazón es una mazmorra de tinieblas;
Cuando les impido quebrantar una regla
Mi ceño es suficiente corrección -
Mi amor es la ley de la escuela.
Dejaré la vieja casa en otoño
Para no cruzar más su umbral.
Cómo suspiraré por los seres queridos
¡Que me reciben cada mañana en la puerta!
Echaré de menos las "buenas noches" y los besos,
Y el borbotón de su inocente alegría,
El grupo sobre el verde, y las flores
Que me traen cada mañana.
En previsión de la inminente partida del Sr. Dickens, Madame Delatour se lo llevó. Yo continué leyendo:
Los echaré de menos por la mañana y por la tarde,
Sus canciones en la escuela y en la calle;
Echaré de menos el zumbido de sus voces,
Y el ruido de sus delicados pies
Cuando terminen las lecciones y las tareas,
Y la muerte diga: "Se acabó la escuela".
Que los pequeños se reúnan a mi alrededor
Para darme las buenas noches y ser besados. (18)
Los niños y los padres aplaudieron simultáneamente. Hice una reverencia y me dirigí a casa.

Una parte de mi corazón se sentía inquieta mientras recorría mi camino habitual, serpenteando alrededor del río Cooks. Las olas saltaban, aparentemente intentando captar mi atención. Las vi, chapoteando en las orillas, pero ignoré su actuación. Mi corazón suspiraba por el Niágara. Y hoy, nada podía calmar ese anhelo.

Las siguientes novelas te dejarán con ganas de más:
Oliver Twist
Nicholas Nickleby
La vieja tienda de curiosidades
Cuento de Navidad
David Copperfield
Historia de dos ciudades
Grandes esperanzas
Billetes americanos de circulación general
La canción del naufragio
Historia de un colegial
Historia de Nadie
Cuento de un Niño

Adiós
Cathy McGough
Tu Entrevistadora de Escritores Legendarios del Más Allá

DOSTOIEVSKI EN HEATHROW

RECUERDO PERFECTAMENTE AQUEL DÍA casi como si fuera ayer. Estábamos en el aeropuerto de Heathrow, esperando nuestro vuelo. La compañía aérea lo había cancelado, lo había retrasado... y no parecían tener ni idea de cuándo nos pondríamos en camino.

Madame Delatour y yo llevábamos doce días en Londres. Mayo en Inglaterra significaba lluvia y más lluvia. Bueno para las flores, pero no tanto para los turistas. Uno de los lugares que visitamos significaba más para nosotros por la lluvia.

Mi mente vagó hasta la ciudad natal de John Fowles, "Lyme Regis". Allí caminé por "The Cobb", siguiendo los pasos de la Sarah Woodruff de "La mujer del teniente francés" de Fowles. La lluvia me empapaba hasta la piel mientras el viento me obligaba a alejarme cada vez más a lo largo del estrecho muro pedregoso del puerto. Me sentía vulnerable a los elementos, desprotegida, como si el viento quisiera que las mangas de mi chaqueta alzaran el vuelo.

Cuando una voz en el altavoz me devolvió a la realidad, miré alrededor de la abarrotada sala de espera en busca de Blanchetta. Parecía que había desaparecido. Busqué en las tiendas de regalos, en los aseos y en todos los sitios que se me ocurrieron, pero no la encontré. Como aún no se sabía nada de nuestra partida, me eché otra siesta.

Horas más tarde, el clip-clip-clip de unos tacones altos resonando por los pasillos me despertó sobresaltada. Alguien me llamaba por mi nombre. Me limpié el sueño de los ojos cuando Blanchetta se abalanzó sobre mí. Estaba tan excitada que no salían palabras de su boca, aunque movía la lengua.

Al parecer, se había quedado dormida y el escritor ruso Fiódor Dostoievski se había puesto en contacto con ella. Le preguntó si sería posible volver al año 2001 y hacerle una entrevista. Blanchetta estaba claramente entusiasmada con el Sr. Dostoievski.

Al principio, no estaba segura del lugar. Miré a mi alrededor, viendo a los pasajeros que iban y venían, de un lado para otro, y me pregunté si alguien reconocería a nuestro invitado si se presentaba sin más.

Después de pensarlo un poco, decidimos que era demasiado arriesgado traer al Sr. Dostoievski a tierra en medio de semejante caos. Había viajeros descontentos holgazaneando por todas partes, niños inquietos y padres impacientes: había demasiadas distracciones como para prestar al Sr. Dostoievski la atención que merecía.

Al final, solicitamos una habitación para una reunión de negocios, que la compañía aérea nos proporcionó amablemente. (¡Al menos hicieron bien una cosa!)

Fiódor Dostoievski nació el 30 de octubre de 1821 en Varvara, Rusia. Decir que el Sr. Dostoievski tuvo una vida difícil es el eufemismo de todos los tiempos. En 1866, cuando se publicó su novela más famosa, "Crimen y castigo", ya había escrito "Pobre pueblo", "El doble", "Notas desde la casa muerta" y "Notas desde el subsuelo". En enero de 1879, su última novela, "Los hermanos Karamazov", vendió 1.500 ejemplares en pocos días. (1) Dos años después, murió en la extrema pobreza sin dejar nada "excepto sus libros". (2)

Sacando mi ejemplar, empecé a leer:

NOTAS DESDE LA CLANDESTINIDAD

No sólo no podía convertirme en rencoroso, sino que no sabía cómo convertirme en nada: ni rencoroso ni bondadoso, ni un granuja ni un hombre honrado, ni un héroe ni un insecto.

Entró el señor Dostoievski. Al ver que estaba leyendo su libro, me hizo un gesto para que lo cogiera. Se lo entregué, con mi marcador de páginas. Me quedé encantado cuando empezó a leerme su obra.

Ahora, vivo mi vida en mi rincón, burlándome de mí mismo con el consuelo rencoroso e inútil de que un hombre inteligente no puede llegar a ser nada en serio, y sólo el tonto llega a ser algo. Sí, un hombre del siglo XIX debe y moralmente debe ser preeminentemente una criatura sin carácter; un hombre de carácter, un hombre activo, es preeminentemente una criatura limitada. Esa es mi convicción desde hace cuarenta años. Ahora tengo cuarenta años, y sabes que cuarenta años es toda una vida; sabes que es una vejez extrema. Vivir más de cuarenta años es de mala educación, es vulgar, inmoral. Te diré quiénes son los tontos y los inútiles. Se lo digo a todos los ancianos a la cara, a todos esos ancianos venerables, a todos esos ancianos de cabellos plateados y reverentes. Se lo digo al mundo entero a la cara. Tengo derecho a decirlo, porque yo mismo seguiré viviendo hasta los sesenta. ¡Hasta los setenta! ¡Hasta los ochenta! (3)

Había estado observando la actuación del Sr. Dostoievski. Me interesaba especialmente la forma en que su barba cobriza encajaba en el espacio abierto de la chaqueta de su traje marrón, borrando totalmente la camisa que llevaba debajo. Sus ojos estaban llenos de risa mientras leía, pero cuando terminó la risa desapareció para revelar una profunda tristeza. Recuperó la compostura, sonrió y caminó hacia nosotros. Nos dio las gracias a Madame

Delatour y a mí por haberle dado la oportunidad de volver a Londres en el año 2001.

La cámara acorazada de mi mente hizo clic. Recordé haber leído en alguna parte sobre la visita del Sr. Dostoievski a la Feria Mundial de Londres, en el Palacio de Cristal, en 1862. (4)

P: Señor Dostoievski, ¿podría hablarme de su primera visita a Londres?

R: La Feria Mundial era realmente magnífica. Sentías el tremendo poder que había atraído allí a aquella masa de gente de todo el mundo en un solo rebaño... Y por muy libre e independiente que te hubieras sentido antes, allí te embargaba un miedo desconocido...

Había algo bíblico en la escena, algo babilónico, como si la profecía del Apocalipsis se hubiera hecho realidad. De repente te diste cuenta de que se necesitaría mucha resistencia espiritual y negación durante siglos para soportar la presión y no sucumbir completamente a la impresionante impresión, para no inclinarse ante el hecho y no adorar a Mammon, en otras palabras, para no aceptar lo existente por lo ideal... (5)

Madame Delatour regresó a la habitación llevando unos refrescos. El Sr. Dostoievski divisó inmediatamente la tetera de té caliente y humeante y aceptó una taza. Luego preguntó a Madame Delatour si tendría la amabilidad de comprar tabaco para liar un cigarrillo. (6)

No queriendo regañarle por los malos efectos del tabaco (puesto que ya había fallecido), Madame Delatour le trajo lo necesario. Inesperadamente preguntó

P: ¿Podría darme un portaplumas? (7)

Ninguno de los dos tenía, pero le pasé mi pluma Parker y observé cómo el Sr. Dostoievski liaba el cigarrillo y luego se lo colocaba entre los labios.

Al darse cuenta de que no tenía cerillas a mano, Madame Delatour hizo ademán de salir de la habitación y comprar unas, pero el Sr. Dostoievski explicó que no era necesario. Sugirió que continuáramos con la entrevista, ya que nuestro tiempo era limitado.

P: ¿Siempre te gustó leer, incluso cuando eras un chaval?

R: Mis hermanos y yo (incluyéndome a mí éramos siete) nos deleitábamos con Walter Scott y "Las mil y una noches" y conocíamos a fondo "Robinson Crusoe". Pasábamos los meses de verano en la finca de nuestro padre en Darovoye, que estaba a dos días en coche de Moscú. Nos gustaba fingir que estábamos en una isla desierta o que éramos los pieles rojas de las páginas de "Los últimos mohicanos". (8)

P: Te encarcelaron en Siberia y te pusieron a hacer trabajos forzados durante cuatro años. ¿Qué es lo peor que recuerdas de estar en la cárcel?

R: Estar solo es una necesidad de la existencia normal, como comer o beber; de lo contrario, en esa vida comunal forzada te conviertes en un aborrecedor de la humanidad. La sociedad de personas actúa como un veneno o una infección. Hubo momentos en que odiaba a todos los que se cruzaban en mi camino, fueran inocentes o culpables, y los consideraba ladrones que me robaban la vida impunemente. (9)

Se me ocurrió que si se quisiera reducir a un hombre a la nada -castigarlo atrozmente de modo que incluso el asesino más empedernido temblara ante el castigo-, sólo sería necesario dar a su obra un carácter de completa inutilidad y absurdo. (10)

P: ¿Te daban libros para pasar el tiempo?

R: Oficialmente sólo se me permitía leer "La Biblia", pero durante los últimos meses un amable médico del hospital deslizó en mis manos traducciones de "Los papeles Pickwick" y "David Copperfield". En cuanto quedé libre, escribí a mi hermano suplicándole libros, libros y aún más libros. (11)

P: Estoy escribiendo mi primera novela, ¿hay algún consejo que puedas darme?

R: Esto es lo que sabía con certeza cuando empecé a escribir "Los insultados y los heridos", mi primera novela: 1) que aunque la novela fuera un fracaso, habría poesía en ella; 2) que habría dos o tres pasajes ardientes y poderosos en ella; 3) que los dos personajes más importantes serían retratados de forma veraz e incluso artística. Sin duda, esto me bastaba. La obra resultante era rara, pero hay en ella unas cincuenta páginas de las que me siento orgulloso... (12)

P: Habiendo leído "Los insultados y los heridos", puedo dar fe de primera mano de que hay mucho más de lo que puedes estar orgulloso en ella. ¿Podría convencerte para que leyeras un pasaje de ese libro?

El Sr. Dostoievski metió la mano en el bolsillo de su chaqueta y sacó las gafas. Nunca las llevaba en público, sólo en privado, y me sentí privilegiado de que se sintiera lo bastante cómodo como para ponérselas en mi presencia. (13)

R: Preferiría leerte algo de este libro:

LOS DIABLOS

Había allí una cascada, muy pequeña; caía desde lo alto de las montañas, como un hilo delgado, todo blanco y espumoso. Caía desde una gran altura, pero parecía estar muy cerca, y estaba a media milla de distancia, pero tú habrías dicho que sólo eran cincuenta metros. Me encantaba escuchar el sonido por la noche, y en esos momentos me volvía terriblemente inquieto. A veces, a mediodía, paseaba por las montañas y me quedaba allí, a media ladera, con los viejos pinos resinosos a mi alrededor, de tan altos que eran, y en algún lugar, en lo alto de los precipicios, había un castillo medieval en ruinas, muy lejos, y el pueblecito estaba abajo, muy lejos, casi invisible, y el sol brillaba, y el cielo era tan azul y sólo había aquel terrible silencio a mi alrededor. Me parecía oír una llamada misteriosa, y entonces se me ocurría que si seguía recto y continuaba caminando durante largo rato, llegaría a la línea donde se unen la tierra y el cielo, y entonces encontraría la clave de todo el misterio y descubriría una nueva forma de vida más rica y espléndida que la nuestra. Soñé con una gran ciudad tan grande como Nápoles, llena de palacios y tumulto y de vida excitante, y entonces me di cuenta de que la vida puede disfrutarse con la misma magnificencia en la cárcel. (14)

P: ¿Los lectores consideraron que tu obra era demasiado cruda, demasiado realista?

R: La realidad no se limita a lo que nos es familiar. Contiene una enorme porción de algo en forma de Palabra futura no dicha. Tengo mi propia visión de la realidad y lo que la mayoría de la gente llama fantástico y excepcional es para mí la esencia misma de lo real. El lado común de los acontecimientos y los puntos de vista convencionales sobre ellos no son todavía realismo, sino más bien su opuesto. La representación que uno hace de las cosas es mucho más débil que las cosas mismas... Mis opiniones sobre la realidad y el realismo difieren de las de nuestros realistas y críticos... Su realismo es incapaz de explicar una fracción de los hechos reales y actuales, pero nosotros incluso intentamos profetizar hechos todo el tiempo. La duplicidad enmascara la otra cara de la verdad: todo esto ya es bastante malo. Pero si todas las personas salieran ahora a la luz tal como son en realidad, os digo que sería mucho peor. Me llaman psicólogo. Eso no es correcto. Soy realista en el pleno sentido de la palabra, es decir, intento retratar las profundidades del alma humana... Como realista busco al ser humano en el hombre. (15)

P: ¿Es cierto que quemaste un borrador casi terminado de Crimen y castigo"?

R: Me sentaba sobre mi obra como un prisionero. Era una novela para el "Mensajero Ruso". Era una novela larga en seis partes. Hacia finales de noviembre de 1865, había mucho escrito y terminado. Lo quemé todo. No me gustaba. Una nueva forma, un nuevo plan me arrastraron y empecé de nuevo. Trabajé día y noche y aun así trabajé demasiado poco. La novela es algo poético, exige calma mental e imaginación. Por aquel entonces mis acreedores me atormentaban, amenazándome con enviarme a la cárcel. (16)

P: ¿Es cierto que estuviste a punto de perder los derechos de autor de tu obra?

R: Vendí tontamente todos los derechos de autor a un editor aprovechado para hacer frente a mis deudas. Si no escribía una nueva novela antes del 1 de noviembre de 1866, todas mis obras, incluidas las que aún no había escrito, pasarían a ser propiedad de ese editor. Empecé "Crimen y castigo" y en noviembre la quemé. En veintiséis días, escribí más de doscientas páginas, que se convirtieron en "El jugador" y conseguí cumplir el plazo y pagar mis deudas. (17)

Hablar de estos asuntos parecía agitar al Sr. Dostoievski, que se liaba un cigarrillo tras otro. Miraba a su alrededor, cauteloso como un conejo, hasta que Madame Delatour se acercó y le encendió el cigarrillo.

Estoy convencido de que ninguno de nuestros otros escritores, pasados o presentes, muertos o vivos, escribió en condiciones como aquellas en las que yo tenía que escribir todo el tiempo. Algunos, como Turguéniev, habrían muerto con sólo pensarlo. Si supieran lo deprimente que es arruinar una idea, que nació en ti, sobre la que te entusiasmaste, sobre la que sabías que era buena... ¡y verte obligado a arruinarla a sabiendas! (18)

Sus sentidas palabras me hicieron llorar, y tomé sus temblorosas manos entre las mías y empecé a recitarle sus propias palabras. De hecho, exactamente las mismas palabras por las que había sido ovacionado durante su discurso ante la "Sociedad de amigos de la literatura rusa" en agosto de 1880. Este discurso fue recogido más tarde en "Diario de un escritor" -.

¡Humíllate, hombre orgulloso! ¡Derriba sobre todo tu altivez! ¡Humíllate, holgazán, y aprende a trabajar en nuestra tierra sagrada!

La verdad está dentro de ti; no se encuentra fuera. Por tanto, ¡encuéntrate a ti mismo en tu interior! No es tu tarea abrumar a los demás. ¡Domínate a ti mismo! ¡Sé dueño de ti mismo! ¡Así percibirás la verdad!

La verdad no está en las cosas, ni fuera de ti, ni en tierras lejanas. Está en tu propia búsqueda de superación personal. Si te conquistas a ti mismo, si te humillas, entonces serás libre más allá de tus sueños. Trabajarás en una tarea digna. Harás libres a los demás, y en ello encontrarás la felicidad, pues tu vida será plena, y descubrirás al fin la comprensión de tu propio pueblo y de su verdad sagrada. (19)

Sus ojos se llenaron de compasión y las lágrimas corrieron por sus mejillas hundidas mientras su imagen empezaba a desvanecerse. No lamentaba haber regresado a la Tierra. Nunca contempló que sería una resurrección tan dolorosa.

Me sentí culpable de que los recuerdos volvieran a inundar su mente. No había sido mi intención. El Sr. Dostoievski leyó mis pensamientos y me palmeó suavemente el dorso de la mano de forma paternal mientras desaparecía del aeropuerto de Heathrow, ahora y para siempre.

Mientras estaba sentado, mirando su silla vacía, no pude evitar recordar las siguientes palabras de:

EL TÍO

"¿Por qué murió?", grita, "...O podríamos haberlo resuelto todo... ¿Por qué, por qué no pudimos volver a estar juntos y empezar una nueva vida? Sólo unas palabras, dos días, nada más, y ella lo habría comprendido todo... ¡Lo que más duele es que todo esto sea un accidente, un accidente simplemente bárbaro y estúpido! Eso es lo que duele. Cinco minutos, justo tarde!!... "Gente, amaos los unos a los otros", ¿quién dijo eso? ¿Quién dijo que debemos amarnos los unos a los otros? Qué insensiblemente avanza el reloj. Ahora son las dos de la mañana. Sus zapatos yacen junto a la cama como si la estuvieran esperando... No, en serio, cuando mañana se la hayan llevado, ¿qué será de mí?". (20)

Cerré el libro, cogí mi maleta y me perdí entre la multitud. Me pesaba el corazón y, cuando por fin estaba de camino a casa, dormí un sueño sin sueños.

No puedes equivocarte al leer cualquiera de las novelas de Fiódor Dostoievski. ¡Sé paciente y tus recompensas serán muchas!

Pobre pueblo

El jugador

El Idiota

Los Insultados y Heridos

Los Diablos

Los hermanos Karamazov

El Eterno Marido

El manso

Notas del subsuelo

Crimen y castigo

El Doble

Una Juventud Cruda

La Casa de los Muertos
Diario de un escritor
Espíritu Gentil
Cocodrilo
El Sueño de un Hombre Ridículo
Pequeña huérfana
La Casera
La Mujer Forastera
Un Árbol de Navidad y una Boda
Un ladrón honrado

¡Do svidaniya!
Cathy McGough
Tu Entrevistadora de Escritores Legendarios del Más Allá

KEATS VISITA MI LUGAR DE NACIMIENTO

UN DÍA SOLEADO DE principios de otoño de 1999, sentado a orillas del río Avon, en mi ciudad natal de Stratford (Ontario, Canadá), apareció un invitado inesperado.

Había esparcido una manta por la hierba recién cortada, y el aroma flotaba suavemente a través de la manta. Los gloriosos cisnes avanzaban hacia mí haciendo oír sus voces con la esperanza de un mendrugo de pan.

Los arrendajos azules y los petirrojos trinaban, y el escenario era perfecto para un poema de John Keats:

AL OTOÑO
Estación de nieblas y melosa fecundidad,
amiga íntima del sol maduro;
Conspirando con él para cargar y bendecir

con frutos las vides que rodean los aleros de paja;
Para doblar con manzanas los musgosos árboles de
las casas de campo,
y llenar toda la fruta de madurez hasta la médula;
Para hinchar la calabaza y rellenar las cáscaras de
avellana
Con un grano dulce; para que broten más brotes,
Y aún más, flores tardías para las abejas,
Hasta que piensen que los días cálidos nunca
cesarán,
pues el verano ha colmado sus húmedas celdas.
¿Quién no ha visto allí a menudo en medio de tu
tienda?
A veces quien busca en el exterior puede
encontrarte
sentada despreocupadamente en el suelo de un
granero,
con tu cabello suavemente alzado por el viento
aventador;
O en un surco a medio segar, profundamente
dormida,
adormecido por el humo de las amapolas, mientras
tu garfio
Deja la próxima hilera y todas sus flores
entrelazadas:
Y a veces, como una espigadora, mantienes
tu cabeza cargada por un arroyo;
O junto a un lagar de sidra, con mirada paciente,
observas los últimos rezumes, horas tras horas.

¿Dónde están las canciones de la primavera? Ay, ¿dónde están?

No pienses en ellas, tú también tienes tu música.

Mientras las nubes barradas florecen el suave día moribundo,

Y tocan las llanuras de rastrojo con un matiz rosado;

Entonces, en un coro ululante, los pequeños mosquitos lloran

Entre las ballenas de los ríos, llevadas en volandas

O se hunden según viva o muera el ligero viento;

Y los corderos adultos balan desde las colinas,

cantan los grillos; y ahora, con agudos suaves

el pechirrojo silba desde un huerto,

y las golondrinas trinan en el cielo. (1)

Me desperté sobresaltada por el estruendo del motor de un Trans Am de sonido gutural y miré a mi alrededor con ansiedad, pues esperaba a Madame Delatour. Al principio no pude verla y luego oí pasos en el Puente de la Isla y me di cuenta de que conducía a John Keats hacia mí.

John Keats nació prematuramente el 29 o el 31 de octubre de 1795, en un establo situado en el letrero del Cisne y el Aro, en Finsbury Pavement, frente al entonces descampado de Lower Moorfield. (2) No fue largo para este mundo y murió a la tierna edad de 25 años, el 23 de febrero de 1821.

Caminó lentamente hacia mí, mientras sus botas hacían un ruido clank, clank, clank al besar el puente de madera.

John Keats llevaba un traje oscuro, con muchos botones plateados tanto en la parte delantera como a lo largo de los puños. Por dentro llevaba una camisa blanca con un corbatón a juego. Sus rasgos más distintivos eran su pelo rojo y rizado y sus soñadores ojos azules. Miraba de un lado a otro como un niño en una tienda de golosinas.

Me cogió de la mano y me preguntó qué lugar encantado le habían invitado a visitar. En concreto, le interesaba el gran edificio acristalado en forma de atrio, enmarcado por la belleza que había detrás de nosotros.

Le expliqué que el edificio era "El Festival de Stratford", una idea concebida por Tom Patterson en los años 50 dedicada a la representación en vivo de obras de teatro, y en concreto de las obras de William Shakespeare.

Nunca me desespero cuando leo a Shakespeare; de hecho, creo que nunca leeré mucho ningún otro Libro. Esto podría llevarme a una larga confabulación, pero desisto. Estoy muy cerca de estar de acuerdo con Hazlitt en que Shakespeare es suficiente para nosotros. (3)

P: Alguien dijo una vez: "La variedad es la sal de la vida"; Shakespeare sí, pero algo de Keats también es necesario. ¿Te importaría compartir tu primer recuerdo de la infancia?

R: En primer lugar, por favor, llámame John, y gracias por tus amables palabras. Aunque no recuerdo por qué lo hice, sí recuerdo que cogí una espada y me planté en la puerta del dormitorio de mi madre anunciando: "¡que nadie entre ni salga de esta casa!". Entonces sólo tenía 5 años y creía que teníamos compañía. Vivía la vida con todo mi ser y "podía sentir la alegría y la tristeza con las manos". (4)

P: ¿Hay algún momento que recuerdes en el que decidieras que la vida de poeta era para ti?

R: Mis queridos padres murieron antes de que yo cumpliera 15 años; mis años con ellos, que comparaba cariñosamente con la lectura de un cuento siempre cambiante, se detuvieron. Mi tutor me puso de aprendiz con un cirujano de Edmonton (cerca de Londres). Escribí a mis amigos solicitando desesperadamente un ejemplar de la "Reina de las hadas" de Spenser y leía las escenas como un joven potro suelto en un prado primaveral. Fue entonces cuando me contagié por primera vez la fiebre del poeta. (5)

P: ¿Tenías una rutina regular para escribir?

R: Leía y escribía unas ocho horas al día. Hay un viejo refrán que dice: "Bien empezado está medio hecho". Yo utilizaría en su lugar: "No se empieza hasta que se hace la mitad"; así que según eso no he empezado mi Poema y en consecuencia (a priori) no puedo decir nada sobre él. ¡Gracias a Dios! (6)

P: ¿Creías que algún día serías considerado un gran poeta?

R: No hay mayor Pecado después de los siete mortales que adularse a uno mismo con la idea de ser un gran Poeta -o uno de esos seres que tienen el privilegio de desgastar sus Vidas en pos del Honor-, ¡qué cómodo es sentir que tal Crimen debe acarrear su pesada Pena! ¿Que si uno se autoengaña la cuenta estará equilibrada? (7)

P: ¿Qué papel ha desempeñado la imaginación en tu escritura?

R: Sólo estoy seguro de la santidad de los afectos del corazón y de la verdad de la imaginación. Lo que la imaginación capta como belleza debe ser verdad -existiera antes o no-, pues tengo la misma idea de todas nuestras pasiones que del amor: todas son, en su sublimidad, creadoras de belleza esencial. En una palabra, puedes conocer mi especulación favorita por mi primer libro, y la pequeña canción que envío en el último, que es una representación desde la fantasía del modo probable de operar en estos asuntos. La imaginación puede compararse al sueño de Adán: se despertó y descubrió que era verdad. Soy más celoso en este asunto porque nunca he sido capaz de percibir cómo algo puede ser conocido como verdad mediante el razonamiento consecutivo, y sin embargo debe serlo. La simple mente imaginativa puede tener su recompensa en la repetición de su propio trabajo silencioso que llega continuamente al espíritu con una fina brusquedad. (8)

P: ¿Crees que la felicidad terrenal es alcanzable?

R: Apenas recuerdo haber contado con ninguna felicidad - la busco si no es en la hora presente, - nada me sobresalta más allá del momento. El sol poniente siempre me pone a tono, o si un gorrión se presenta ante mi ventana, participo de su existencia y pico sobre la gravilla. Lo primero que me asalta al oír que a otro le ha ocurrido una desgracia es esto: "Bueno, no tiene remedio: tendrá el placer de poner a prueba los recursos de su espíritu" (9).

P: ¿Te arrepientes de no haberte casado nunca?

R: Esperaba no casarme nunca. Aunque las Criaturas más bellas me esperasen al final de un Viaje o de un Paseo; aunque la Alfombra fuese de Seda, las Cortinas de las Nubes matinales; las sillas y el Sofá rellenos de plumón de Cygnet; la comida Maná, el Vino más allá del Claret, la Ventana abierta sobre Winander Mere, no me sentiría -o más bien mi Felicidad no sería tan fina, como sublime es mi Soledad.

Entonces, en lugar de lo que he descrito, hay una sublimidad que me da la bienvenida a casa - El rugido del viento es mi esposa y las Estrellas a través del cristal de la ventana son mis Hijos. La poderosa idea abstracta que tengo de la Belleza en todas las cosas sofoca la felicidad doméstica más dividida y diminuta - una esposa amable y unos dulces Hijos los contemplo como una parte de esa Belleza, pero debo tener mil de esas hermosas partículas para llenar mi corazón.

Cada día sentía más, a medida que mi imaginación se fortalecía, que no vivía sólo en el mundo, sino en mil mundos - Apenas estaba solo, formas de grandeza épica se apostaron a mi alrededor, y sirvieron a mi Espíritu el oficio equivalente a la guardaespaldas de un Rey - entonces "la Tragedia con cetro vino barriendo". Según mi estado de ánimo, estaba con Aquiles gritando en las Trincheras o con Teócrito en los Valles de Sicilia. O arrojaba todo mi ser a Troilo, y repitiendo aquellas líneas: "Vago como un Alma perdida por las Orillas Estigias, quedándome a la deriva", me fundía en el aire con una voluptuosidad tan delicada que me contentaba con estar solo. Estas cosas, combinadas con la opinión que tengo de la generalidad de las mujeres, que me parecen niños a los que preferiría dar una ciruela de azúcar antes que mi tiempo, forman una barrera contra el Matrimonio de la que me alegro. (10)

P: ¡Una ciruela! Tal vez sea bueno que nunca te hayas casado. ¿Crees que es necesario experimentar algo de primera mano para poder escribir sobre ello?

R: Nada se convierte en realidad hasta que se experimenta - Incluso un Proverbio no es un proverbio para ti hasta que tu Vida te lo ha ilustrado. He comparado la vida humana con una gran mansión de muchos apartamentos, dos de los cuales sólo puedo describir, pues las puertas del resto aún están cerradas para mí. Al primero en el que entramos lo llamamos la Cámara Infantil o de los Impensantes, en la que permanecemos si no pensamos.

Permanecemos allí mucho tiempo, y aunque las puertas de la segunda Cámara permanecen abiertas, mostrando un aspecto luminoso, no nos importa apresurarnos hacia ella; pero al fin, impulsados imperceptiblemente por el despertar del principio pensante en nuestro interior, apenas entramos en la segunda Cámara, que llamaré la Cámara del Pensamiento Doncella, nos embriagamos con la luz y la atmósfera, no vemos más que maravillas agradables, y pensamos en quedarnos allí para siempre deleitándonos.

Sin embargo, entre los efectos de los que es padre esta respiración, está el tremendo de agudizar la visión sobre el corazón y la naturaleza del Hombre - de convencer a nuestros nervios de que el mundo está lleno de miseria y angustia, dolor, enfermedad y opresión - por lo que esta Cámara del Pensamiento de la Doncella se oscurece gradualmente y, al mismo tiempo, en todos sus lados, se abren muchas puertas - pero todas oscuras - todas conducen a pasadizos oscuros. No vemos el equilibrio del bien y del mal; estamos en una bruma, estamos ahora en ese estado, sentimos la "Carga del Misterio". Ahora bien, si vivimos y seguimos pensando, exploraremos todos los pasadizos. (11)

P: ¿Te importaba lo que los demás pensaran de ti?

R: Algunos pensaban que era mediocre, otros tonto, otros necio - todos creían ver mi lado débil en contra de mi voluntad, cuando en verdad es con mi voluntad

- me contentaba con que pensaran todo esto porque tengo en mi propio pecho un recurso tan grande.

Ésta era una de las grandes razones por las que les caía tan bien: porque todos podían mostrarse ventajosos en una habitación y eclipsar desde cierto tacto a quien se considera un buen Poeta.

Esperaba no estar aquí gastando bromas "para hacer llorar a los ángeles". No lo creía, pues no sentía el menor desprecio por mi especie y, aunque suene paradójico, las mayores elevaciones de mi alma me dejaban cada vez más humilde. (12)

P: Tienes razón; disfruto escuchándote y desearía que tuviéramos más tiempo. ¿Podrías describir cómo veías el mundo?

R: Odiaba el mundo: golpeaba demasiado las alas de mi voluntad propia, y ojalá hubiera podido tomar un dulce veneno de tus labios para expulsarme de él. De ningún otro lo tomaría. (13)

Me sorprendió su afirmación y me sonrojé furiosamente.

P: En veinticinco años, has conseguido más de lo que muchos escritores consiguen en toda su vida. ¿Fue la inmortalidad tu fuerza motriz?

R: No he dejado ninguna obra inmortal -nada que haga que mis amigos se sientan orgullosos de mi recuerdo-, pero he amado el principio de la belleza en todas las cosas y, si hubiera tenido tiempo, me habría hecho recordar. (14)

P: ¿Qué consejo tienes para los poetas del futuro?

R: En primer lugar, creo que la poesía debe sorprender por un fino exceso, y no por la singularidad; debe golpear al lector como una redacción de sus propios pensamientos más elevados y parecer casi un recuerdo.

En segundo lugar, sus toques de belleza nunca deben quedarse a medias, haciendo así que el lector se quede sin aliento, en lugar de contento. El surgimiento, el progreso, el ocaso de la Imaginación, deberían, como el sol, resultarle naturales, brillar sobre él y ponerse sobriamente, aunque con magnificencia, dejándole en el lujo del crepúsculo.

Pero es más fácil pensar lo que debe ser la poesía que escribirla. Y esto me lleva a otro punto.

En tercer lugar, si la poesía no llega tan naturalmente como las hojas a un árbol, más vale que no llegue en absoluto. (15)

P: John, eres uno de los poetas más venerados de todos los tiempos, honrado en la Abadía de Westminster en el Rincón del Poeta y las escuelas de todo el mundo estudian tu poesía todos los años. ¿Crees que tu éxito ha dependido más de las circunstancias?

R: Las circunstancias son como nubes que se juntan y revientan continuamente. Mientras nos reímos, la semilla de algún problema se deposita en la amplia tierra cultivable de los acontecimientos. Mientras nos reímos, brota, crece y, de repente, da un fruto envenenado que debemos arrancar. (16)

P: ¿Cuál es tu definición de Poeta?

R: Un Poeta es lo menos poético de todo lo existente, porque no tiene Identidad - está continuamente en busca de - y llenando algún otro Cuerpo - El Sol, la Luna, el Mar y los Hombres y Mujeres que son criaturas de impulso son poéticos y tienen sobre ellos un atributo inmutable - el poeta no tiene ninguna; ninguna identidad - es ciertamente lo menos poético de todas las Criaturas de Dios. (17)

P: Soy Poeta y mi Musa me ha abandonado. ¿Hay algún consejo que puedas darme para volver a escribir?

R: No te desanimes por un fracaso. Puede ser una experiencia positiva. El fracaso es, en cierto sentido, el camino hacia el éxito, en la medida en que cada descubrimiento de lo falso nos lleva a buscar con ahínco lo verdadero, y cada nueva experiencia nos señala alguna forma de error, que después evitaremos cuidadosamente.

La poesía debe agradar por un fino exceso y no por singularidad. Debe golpear al lector como una formulación de sus propios pensamientos más elevados y aparecer casi como un recuerdo. (18)

P: Se dice que tu amigo Lord Byron dijo que la crítica de "The Quarterly" podría haberte llevado a una muerte prematura, ¿es cierto?

R: No me hizo el menor daño en sociedad el hacerme parecer pequeño y ridículo: sé cuando un hombre es superior a mí y le doy todo el respeto debido, sería el último en reírse de mí y en cuanto al resto, sentí que les causé una impresión que me aseguró el respeto personal mientras estuve a la vista, dijeran lo que dijeran cuando estaba de espaldas.

Lo único que puede afectarme personalmente durante más de un breve día pasajero es cualquier duda sobre mis facultades para la poesía; rara vez las tengo y espero que llegue el momento en que no las tenga. Soy tan feliz como puede serlo un hombre. (19)

P: ¿Podrías leer uno de tus poemas?

R: Déjame pensar. Sí, conozco uno:

LAS ESTACIONES HUMANAS
Cuatro estaciones llenan la medida del año;
Hay cuatro estaciones en la mente del hombre;
Tiene su lujuriosa Primavera, cuando la fantasía clara
que abarca toda la belleza con facilidad:
Tiene su Verano, cuando lujuriosamente
la miel de la primavera del pensamiento juvenil le gusta
rumiar, y así sueña alto
está más cerca del cielo: calas tranquilas
Su alma tiene su Otoño, cuando sus alas
cierra sus alas y se contenta con mirar
la niebla en la ociosidad, y dejar que las cosas bellas
pasen desatendidas como un arroyo en el umbral.
También tiene su Invierno de pálida desdicha,

Si no, renunciaría a su naturaleza mortal. (20)

Mientras John leía, un grupo de chicas jóvenes vestidas con uniformes escolares empezó a reunirse a su alrededor. Cuando terminó, aplaudieron, rieron y cuchichearon mientras la más atrevida del grupo se adelantaba y le pedía un autógrafo.

John se sintió sorprendido por toda aquella atención, pero al mismo tiempo increíblemente complacido. Preguntó a cada una de las chicas cómo se llamaban y les firmó con su nombre.

Las chicas cuchichearon entre ellas y luego se despidieron de nosotros mientras seguían su camino. No habían ido muy lejos, cuando me di cuenta de que John empezaba a desvanecerse. Apenas tuve ocasión de decirle adiós con la mano antes de que desapareciera.

Mientras se alejaban, oí a una de las chicas leer su nombre en voz alta y decir:

"¿John Keats? Me pregunto en qué obra estará. Es muy mono".

Me lié la manta y me alejé del caudaloso río Avon, con la esperanza de que algún día aquellas chicas leyeran y descubrieran las obras de John Keats. Tenía la sensación de que el autógrafo que recibieran podría ser "Escrito en el agua", como las palabras que estaban grabadas en su lápida.

Os dejo ahora con las siguientes palabras

"Bardos de la pasión y de la alegría, que habéis dejado vuestras almas en la tierra. También tenéis almas en el Cielo, doblemente vividas en regiones nuevas". (21)

Descubre más cosas sobre John Keats leyendo la inspiradora colección que ha dejado. Te animo a que busques las siguientes:

La Víspera de Santa Inés

La Víspera de San Marcos

Hiperión

Endymion

Lamia

Sueño y poesía

A un ruiseñor

Sobre una urna griega

A Psique

Sobre la melancolía

Bardos de Pasión y de Alegría

Cuando tengo miedo

Sobre la primera mirada al Homero de Chapman

El saltamontes y el grillo

Al ver un mechón de pelo de Milton

Las estaciones humanas

A Byron

Dónde Está El Poeta

¡Wes du hal!

Cathy McGough

Tu Entrevistadora de Escritores Legendarios del Más Allá

RECUERDOS DE HENRY WADSWORTH LONGFELLOW

Está anocheciendo y muy pronto llegará nuestro invitado. Esta tarde, Madame Delatour se pondrá en contacto con Henry Wadsworth Longfellow, que ha sido proclamado el mejor Poeta de América de todos los tiempos.

Nos pondremos en contacto con él por la tarde, para que podamos disfrutar juntos de uno de nuestros pasatiempos favoritos: caminar. Con un poco de suerte, el camino estará relativamente despejado de corredores, ciclistas y similares para que el Sr. Longfellow y yo podamos pasear en paz.

Henry Wadsworth Longfellow nació el 27 de febrero de 1807 en Portland, Oregón. El Sr. Longfellow fue un poeta que vivió su vida según las palabras "la pluma es más poderosa que la espada". Nunca rehuyó los conflictos y siempre luchó por los derechos de sus conciudadanos. En esencia, su alma nutrió el desierto de América. (1)

Madame Delatour estaba ocupada poniéndose en contacto con el Sr. Longfellow y, mientras tanto, leí en voz alta un poema sin título que descubrí recientemente en un libro titulado "Borrowings". Sus tapas de ante se agitaban con el tiempo y con razón, pues la fecha de publicación era 1899. Aunque distaba mucho de estar en perfecto estado, supe al instante que había sido maltratado y hecho jirones por el amor. En su interior había muchos recortes de periódicos con poemas.

Entre sus tesoros, el libro contenía esta joya sin título, atribuida al Sr. Longfellow:

Como una madre cansada cuando acaba el día
lleva de la mano a su hijito a la cama,
mitad dispuesto, mitad reacio a ser llevado,
Y deja sus juguetes rotos en el suelo,
Mirándolos aún a través de la puerta abierta,
Ni totalmente tranquilizada y consolada
Por las promesas de otros en su lugar,
Que, aunque más espléndidas, no pueden agradarle más.
Así que la naturaleza trata con nosotros y se lleva
Nuestros juguetes, uno a uno, y de la mano

Nos lleva a descansar tan suavemente que nos vamos

Sin saber apenas si queremos irnos o quedarnos,

Estando demasiado llenos de sueño para comprender

Hasta qué punto lo desconocido trasciende lo que conocemos. (2)

Cerré suavemente el libro, cuidando de que todas sus rarezas permanecieran dentro, cuando noté que Henry Wadsworth Longfellow caminaba hacia mí por el sendero.

Era de mediana estatura, con una cabeza y un rostro eminentemente poéticos. El gran encanto de su rostro se centraba en sus ojos de un azul despejado, profundamente hundidos, bajo unas cejas salientes, que contenían una indescriptible expresión de pensamiento y ternura. Aunque lleno de arrugas, su rostro tenía un tono rosado de salud y su cabello era blanco como la nieve. Sus modales tenían la sencillez de un niño, pero eran de una dignidad inexpugnable. (3)

Se presentó y me tendió la mano. Me avergonzaron sus modales tranquilos y humildes e inmediatamente sentí que era un viejo amigo, que regresaba de un largo viaje. Caminamos, cogidos del brazo, mientras miraba sus ojos azules y comenzaba nuestra entrevista.

P: Cuando eras niño, te encantaba leer. ¿Qué libros causaron mayor impresión en tu joven mente?

R: De niña tuve la gran suerte de contar con una biblioteca llena de libros para entretenerme. Mi padre se encargó de ello, aunque no quería que me convirtiera en escritora. Los escritores que adoraba eran Shakespeare, Milton y Pope, Dryden y Goldsmith, por nombrar sólo algunos. Me encantaban "Las mil y una noches" y "El Quijote"... pero el primer libro que fascinó mi imaginación fue el "Libro de bocetos" de Washington Irving. Lo leí con "creciente asombro y deleite, hechizado por su agradable humor, su melancólica ternura, su atmósfera de ensueño, es más, incluso por sus tapas de color marrón grisáceo, las letras sombreadas de sus títulos y la letra clara y clara, que parecía un símbolo externo de su estilo". (4)

P: ¿Tu padre no quería que te convirtieras en escritor?

R: Cuando estaba en la universidad, decidí emprender una carrera literaria. En el Bowdoin College, mi padre me envió una carta en la que me desaconsejaba esa carrera y me decía que en América no había riqueza suficiente para que un literato pudiera ganarse la vida. Mi padre era un hombre astuto. Empezó la carta con una advertencia práctica y la terminó con una crítica poética:

"Observo una poesía en la Gaceta Literaria de Estados Unidos", escribió, "que, por la firma, supongo que es de tu pluma. Es una producción muy bonita, y la leo con placer. Pero observarás que la segunda línea del sexto verso tiene demasiados pies". (5)

P: ¿Quién te inspiró para convertirte en escritor?

R: Mi abuelo, el general Wadsworth, con quien a veces pasaba las vacaciones de verano en su granja, escribía versos satíricos. Era un gran narrador y tenía un gran fondo de recuerdos personales de sus días en Harvard y en el ejército, su captura por los británicos y su huida del Fuerte George en Castine. Todas estas cosas tuvieron su efecto en mi mente impresionable. (6)

P: ¿Siempre te apasionó el senderismo?

R: Sí, siempre fue mi principal ejercicio. Cuando la nieve era profunda, cortaba leña y me resultaba bastante fastidioso. Como compensación, una vez escribí a mi padre: "En la puerta de mi armario he dibujado una imagen de mi tamaño, y cuando siento la necesidad de hacer ejercicio, me quito el abrigo y, considerando esta imagen como una postura de defensa, me muevo como si estuviera combatiendo. Es una diversión muy clásica, y ya me he convertido en un hábil púgil". (7)

P: ¿Te importaría leer uno de tus poemas?

R: Sería un honor:

LOS CONSTRUCTORES

Todos son arquitectos del Destino
que trabajan en estos muros del Tiempo;
Algunos con obras macizas y grandes,
Algunos con ornamentos de rima.

Nada hay inútil, ni bajo;
Cada cosa en su lugar es lo mejor;
Y lo que no parece más que un espectáculo ocioso
Fortalece y sostiene al resto.
Para la estructura que levantamos
El tiempo se llena de materiales;
Nuestros días de hoy y de ayer
Son los bloques con los que construimos
Dales verdadera forma;
No dejes ningún hueco entre ellos;
No pienses, porque nadie ve,
tales cosas permanecerán invisibles.
En los viejos tiempos del Arte
los constructores trabajaban con sumo cuidado
Cada parte diminuta y oculta;
Pues los Dioses lo ven todo.
Hagamos también nuestro trabajo
Tanto lo que no se ve como lo que se ve;
Hagamos la casa, donde los Dioses puedan morar,
Hermosa, entera y limpia.
De lo contrario, nuestras vidas estarán incompletas,
Paradas en estos muros del Tiempo,
Escaleras rotas, donde los pies
Tropiezan al intentar subir.
Construye hoy, pues, fuerte y seguro
Con una base firme y amplia;
Y ascendente y seguro
El mañana encontrará su lugar.
Sólo así podemos alcanzar

A esos torreones, donde el ojo
Ve el mundo como una vasta llanura,
y un cielo sin límites. (8)

P: Has reunido una increíble colección de recuerdos y los has expuesto en tu casa. Háblame de ellos.

R: Estaban en mi estudio, donde la tranquilidad sólo se veía interrumpida por las campanadas del viejo reloj del rincón. Una mesa en el centro de la habitación estaba repleta de libros y papeles en un aspecto de ordenado desorden, con el que estoy segura de que cualquier escritor de tu época puede identificarse.

Sobre la misma mesa, un tesoro, estaba el tintero de Samuel Taylor Coleridge con un primer volumen de sus poemas anotado con su propia letra, que era tan desaliñada como debe ser la de un genio.

Entre los cuadros de la habitación, había retratos a lápiz de Emerson, Sumner y Hawthorne, todos ellos tomados cuando estos hombres famosos estaban en plena juventud.

Podríamos pasarnos todo el día discutiendo las cosas que se exponían en mi estudio. Sólo un armario contenía un trozo del ataúd de Dante; un cilindro de unos brillantes escarabajos africanos, dos bastones (uno hecho con el repuesto del barco en el que se escribió "The Star Spangled Banner" y el otro de "Acadie" y estaba coronado por una horrible cabeza que era mi idea de "Evangeline". (9)

P: ¿Es cierto que otro escritor dejó pasar la oportunidad de escribir sobre "Evangeline"?

R: Sí, de hecho un rector de una iglesia del sur de Boston había intentado convencer a Nathaniel Hawthorne para que utilizara la historia. En una cena con ambos, le dije al Sr. Hawthorne: "Si realmente no quieres este incidente para un cuento, déjamelo a mí para un poema". Terminé "Evangeline" en 1847. (10)

P: También debe de haber una historia fascinante en relación con "La balada de la goleta Hesperus".

R: El 17 de diciembre de 1839, yo estaba aquejado de dolor de muelas y dispepsia. Recuerdo que escribí a mi padre "Noticias de naufragios horribles en la costa. Veinte cadáveres arrastrados hasta la orilla, cerca de Gloucester, uno de ellos amarrado a un trozo del naufragio. Hay un arrecife llamado Norman's Woe donde se produjeron muchos de ellos; entre otros, la goleta Hesperus... Debo escribir una balada sobre esto".

Casi quince días después, volví a coger la pluma y escribí a mi padre: "Anoche estuve sentado hasta las doce junto al fuego, fumando, cuando de repente se me ocurrió escribir la Balada de la Goleta Hesperus, cosa que hice. Luego me acosté, pero no pude dormir. Nuevos pensamientos rondaban mi mente, y me levanté para añadirlos a la balada. Eran las tres de la tarde. Luego me acosté y me dormí. Me siento satisfecho con la balada. Apenas me costó esfuerzo. No se me ocurrió por versos, sino por estrofas". (11)

P: ¿Puedo unirme a ti en la recitación de tu poema "La flecha y la canción" mientras atravesamos el puente?

R: ¡La elección perfecta, amigo mío, la elección perfecta!

LA FLECHA Y LA CANCIÓN

Lancé una flecha al aire,

Cayó a tierra, no supe dónde

Porque, tan rápidamente voló, que la vista

No pudo seguirla en su vuelo

lancé una canción al aire

Cayó a tierra, no supe dónde

Pues ¿quién tiene una vista tan aguda y fuerte

que pueda seguir el vuelo de una canción?

Mucho, mucho tiempo después, en un roble

Encontré la flecha, aún intacta

Y la canción, de principio a fin,

en el corazón de un amigo. (12)

P: ¿Tienes algún consejo para los escritores del año 2003 y posteriores?

R: En 1850 escribí: Si deseo hacer algo en literatura, debo hacerlo ahora. Pocos hombres han escrito buena poesía después de los cincuenta. Creí que era un consejo verdadero y sensato hasta que en 1851 se publicó "La Leyenda Dorada". Se imprimieron 3500 ejemplares, que se agotaron inmediatamente. Yo tenía 56 años. Parece como si los pensamientos, al igual que los niños, tuvieran sus períodos de gestación, y luego nacieran, queramos o no. Ésta fue una observación que hice después de terminar "La Parca y las Flores". (13)

P: Sr. Longfellow, he disfrutado paseando con usted. Sin embargo, temo que tanto nuestro tiempo como este día estén llegando a su fin. ¿Le importaría recitarnos un poema apropiado? ¿Quizás uno para cerrar las cortinas de este tiempo que hemos compartido?

R: Ah, sí:

EL DÍA HA TERMINADO
El día ha terminado, y la oscuridad
Cae de las alas de la Noche,
Como una pluma se desplaza hacia abajo
De un águila en su vuelo
Veo las luces del pueblo
Brillan a través de la lluvia y la niebla,
Y me invade un sentimiento de tristeza
Que mi alma no puede resistir
Un sentimiento de tristeza y añoranza,
Que no se parece al dolor,
Y sólo se parece a la tristeza
Como la niebla se parece a la lluvia
Ven, léeme algún poema
Algún sencillo y sentido lamento,
Que calme este sentimiento inquieto,

Y destierre los pensamientos del día
No de los grandes maestros antiguos
No de los bardos sublimes,
Cuyos lejanos pasos resuenan
Por los corredores del Tiempo
Como acordes de música marcial,
Sus poderosos pensamientos sugieren
El interminable trabajo y esfuerzo de la vida
Y esta noche ansío descansar
Leer a algún poeta más humilde
Cuyas canciones brotaron de su corazón,
Como chubascos de las nubes del verano,
O lágrimas de los párpados arrancan
Quien, a través de largos días de trabajo
Y noches sin descanso,
Aún oía en su alma la música
De maravillosas melodías
Tales canciones tienen el poder de calmar
El pulso inquieto de la preocupación,
y llegan como la bendición
Que sigue a la oración.
Entonces lee del preciado volumen
El poema que elijas
Y presta a la rima del poeta
La belleza de tu voz
Y la noche se llenará de música
Y las preocupaciones que infestan el día
plegarán sus tiendas como los árabes,
Y tan silenciosamente se alejarán. (14)

El Sr. Longfellow se quedó, demorándose, alejándose suavemente de mi vista sosteniendo mi mano entre las suyas. Nuestros espíritus se separaron, y ningún homenaje podría ser más digno que el que el Honorable J. D. Long escribió a la muerte del Sr. Longfellow:

"Es un pobre lugar común decir que Longfellow es el poeta del pueblo, pues no hay poeta grande o verdadero que no lo sea. Todas las vidas de los grandes hombres nos recuerdan no tanto que podemos hacer que nuestras vidas sean sublimes, sino que nuestras vidas SON sublimes, si tan sólo no las enturbiamos ni las degradamos.

No por poner en melodía algo que está más allá y por encima de ti y de mí, no por respirar una música tan exquisita que nunca tiemble en nuestras fantasías y plegarias, el poeta se eleva a la excelencia; sino expresando los afectos, el propósito más sutil, la nobleza, que están en la gran naturaleza común, - en el marinero en los obenques, en la doncella amarrada al mástil flotante, en la madre acostando a su hijo, en el escolar en su tarea o juego, o contando las chispas que vuelan de la forja del herrero, en el hombre en su trabajo o cuando descansa de él, asaltado por bandidos de ojos azules desde la escalera y el vestíbulo.

Así, el poeta nos enseña no nuestra disparidad con él, sino nuestro nivel con él, no nuestra mezquindad, sino nuestra altivez. La música que escribió yace sin escribir en nosotros. Cantémosla en nuestras vidas, que podemos como él la cantó de su pluma, que no podemos". (15)

Querrás leer todas sus obras, pero aquí tienes una lista de algunas de mis favoritas que te ayudará a empezar.

Evangeline

Hiawatha

El naufragio del Hesperus

Salmo de la vida

Excelsior

Himno a la noche

Mi juventud perdida

El sueño del esclavo

La Luz de las Estrellas

Huellas de ángeles

El Espíritu de la Poesía

El Cáliz de la Vida

¡Adiós por ahora!

Cathy McGough

Tu Entrevistadora de Escritores Legendarios del Más Allá

VUELVE "EL BANJO" PATERSON

P ARA CELEBRAR EL DÍA de Australia 2002, (26 de enero) hemos decidido ponernos en contacto con A. B. "Banjo" Paterson. El Sr. Paterson nació el 17 de febrero de 1864 en Narambla, Nueva Gales del Sur.

Mientras Madame Delatour se preparaba para contactar con el Sr. Paterson, aproveché para leer su obra más famosa: "Waltzing Matilda", escrita en 1895 en Queensland. Para facilitarte la lectura, he incluido asteriscos en las palabras cuyo significado puedes poner en duda. Encontrarás las definiciones justo debajo de la balada.

VALS MATILDA
Oh, había una vez un *swagman acampado en los *billabongs,

Bajo la sombra de un árbol de *Coolabah
Y cantaba mientras miraba al viejo *billy hervir
"¿Quién vendrá a bailar el vals Matilda conmigo?"
CORO
¿Quién vendrá a bailar el vals de Matilda, querida?
¿Quién vendrá conmigo a bailar el vals de Matilda?
Bailando el vals de Matilda y llevando una bolsa de
agua,
¿Quién vendrá conmigo a bailar el vals de Matilda?
Subió el *jumbuck a beber al abrevadero,
Saltó el cochero y lo agarró con alegría
Y cantó mientras lo guardaba en su *bolsa de
tabaco,
"Vendrás conmigo a bailar el vals de Matilda".
Repite CORO

Subió el *squatter montado en su pura sangre;
Subieron policías: uno, dos y tres.
"¿De quién es el jumbuck que llevas en la bolsa?
Vendrás a bailar el vals Matilda con nosotros".
Repite CORO
El cochero se levantó y saltó a la charca,
ahogándose junto al árbol Coolabah;
Y su voz se oye cantar en los billabongs,
"¿Quién vendrá conmigo a bailar el vals de Matilda?
(1)
Repite CORO
*Swagman = Parecido a un vagabundo - Hombre
que cruzaba el interior a pie haciendo trabajos

esporádicos a cambio de comida o dinero. ¿Por qué "Swagman"? Llamado así por su "Swag Roll" - Similar a una mochila, que se ataba a los hombros y en la que llevaba todas sus posesiones mundanas.

*Billabong = Una charca.

*Coolabah = El eucalipto autóctono (Eucalyptus micro theca).

*Billy = Una tetera

*Jumbuck = Una oveja mal (aborigen "saltar hacia arriba")

*Squatter = Una persona que ocupa ilegalmente la propiedad de otra persona

propiedad de otra persona *Tuckerbag = Como una bolsa de almuerzo.

Madame Delatour me avisó de que el Sr. Paterson llegaría enseguida y, sin más dilación, allí estaba.

Tenía el pelo corto y negro, con raya al lado, y unos ojos oscuros y amistosos. Llevaba un traje azul marino, camisa blanca de cuello alto, corbata azul y sombrero de cuero, que se inclinó para saludarme. (2)

Aspiró el olor de los eucaliptos que rodean nuestro balcón y se inclinó hacia delante observando el sendero que serpentea frente a nuestra casa. Obviamente, esperaba ver uno o dos caballos galopando, levantando con sus cascos la roja tierra australiana. En lugar de eso, ¡un joven que pasaba a toda velocidad en un patinete motorizado le hechizó! Sorbía un vaso de té helado a la espera de mi primera pregunta.

P: ¿Cómo llegaste a ser conocido como "El Banjo"?

R: Adopté el seudónimo por un caballo de carreras que tenía mi familia. Cuando tenía veintidós años, escribí mi primera colaboración firmada y se publicó en "The Bulletin" el 12 de junio de 1886. La balada era "El fuego de los arbustos" y después de eso el nombre se me quedó grabado. (3)

P: J. F. Archibald fundó "The Bulletin" en 1800 y se cuenta que era muy duro. ¿Cómo fue tu primer encuentro con él?

R: J. F. siempre estaba buscando nuevos escritores y se topó con algunas de mis obras. Me llamaron a su despacho y subí un mugriento tramo de escaleras en el número 24 de la calle Pitt, hasta que me encontré ante una puerta en la que ponía: "Sr. Archibald, Editor". En la puerta había clavado un animado dibujo de un caballero tendido en el suelo con un puñal atravesándole y sobre el dibujo estaba escrito: "Archie, esto es lo que te pasará si no utilizas mi dibujo sobre el policía". Esto me animó mucho. Evidentemente, éste era un lugar libre y fácil.

En una entrevista de diez minutos me dijo que le gustaría que probara con algún verso más. ¿Sabía algo del monte? Le dije que me había criado allí.

"Muy bien", me dijo, "inténtalo con el monte. Prueba con lo que te apetezca. No escribas nada como los demás si puedes evitarlo. A ver qué sabes hacer". (4)

P: Las Bush Songs eran populares en aquella época, pero tú las convertiste en Himnos.

R: Las Canciones de los Bosquimanos deberían escucharse con el acompañamiento del ruido de las tijeras de esquilar cuando la voz de un esquilador se eleva a través del estruendo causado por el ajetreo y el bullicio de un cobertizo de esquileo, el revuelo de las ovejas en sus corrales y la prisa de los recogedores; o cuando, en los caminos, el ganado está inquieto en su campamento por la noche y el hombre de guardia, cabalgando a su alrededor, entona "Bold Jack Donahue" para calmar un poco sus nervios... El verdadero bosquimano nunca apresura sus canciones. Están concebidas expresamente para pasar el tiempo en los viajes largos o en los lentos y fatigosos paseos tras las ovejas o el ganado cansado; por eso, las canciones se cantan concienzudamente hasta el final -con estribillo y todo- y las tres últimas palabras de la canción siempre se dicen, nunca se cantan. (5)

P: ¿Nos harías el honor de recitarnos una de tus baladas? ¿Y una canción ferroviaria?

R: Una petición, ¡qué te parece!

LA BANDA VOLADORA
Cumplí mi condena, en los días pasados,
En el choque y estruendo del ferrocarril,
Y trabajé hasta el final

y fui el jefe de la "Pandilla Voladora".
Era una banda elegida que se mantenía a mano
en caso de necesidad urgente,
fuera al sur o al norte nos poníamos en marcha
y nos alejábamos a toda velocidad.
Si llegaba a la ciudad la noticia de que se había caído
un puente,
sonaba la imperiosa llamada -
"Salid con el motor piloto en marcha
y salid con la banda voladora".
Entonces, un grito desgarrador y una ráfaga de
vapor
Mientras la máquina avanzaba,
Con un compás medido por el tugurio y la calle
De la bulliciosa ciudad huimos,
Por las tierras altas brillantes y las granjas blancas,
Con la ráfaga del vendaval del oeste,
Y el piloto se balanceaba al ritmo que marcábamos
Mientras se mecía en la barandilla.
Y los niños del campo aplaudían
Cuando sonaba el eco de la máquina,
Pero sus mayores decían: "Hay trabajo por delante
Cuando llamen a la cuadrilla volante".
Luego, a través de los kilómetros de la llanura de
arbustos salados
Que brillaba con el rocío de la mañana,
donde las hierbas ondeaban como el grano maduro
El motor piloto voló,
Una ráfaga ardiente en el matorral abierto

Donde las marcas de nivel parecían volar,
Y la orden aceleró en los cables de delante,
El piloto debe pasar.
El especial del Gobernador debe apartarse
Y el expreso rápido ir colgado,
Que tus órdenes sean que la línea esté libre
Para los chicos de la pandilla voladora. (6)

P: Espero entrevistar pronto a Rudyard Kipling y creo que fue uno de tus compañeros. ¿Tienes algún consejo para mí?

R: Uno espera que un gran genio literario, como Kipling, sea en cierto modo una especie de bicho raro: la bebida, las mujeres, el temperamento, la ociosidad, la irregularidad de costumbres... casi todos los grandes escritores del pasado tuvieron uno u otro de estos inconvenientes, y algunos de ellos los han tenido todos. La vida de Byron consistió sobre todo en manchas púrpuras; y Swinburne no fue el héroe de la canción sobre el buen joven que murió. Así pues, cuando fui a Inglaterra para quedarme con Kipling, estaba preparada literalmente para cualquier cosa.

Kipling odiaba la publicidad y en la vida privada era simplemente un hombre trabajador, con sentido común y sensato, sin ningún vicio redentor que yo pudiera descubrir. Una lástima también, quizá; porque no hay nada tan interesante como los escándalos sobre los grandes genios. (7)

P: Creo que el Sr. Kipling visitó Australia; ¿te dijo qué le pareció?

R: Sí, dijo: "Tengo que comprarme una casa en Australia algún día. Tengo una casa en Nueva York y en Ciudad del Cabo, pero me gustaría vivir en Australia una temporada. He estado allí, pero sólo pasé por allí como el diablo pasó por Athlone, a saltos. Así no puedes aprender nada de un país. Tienes que vivir allí y entonces podrás entender las cosas. Los australianos aún no habéis madurado. Creéis que la "Copa de Melbourne" es lo más importante del mundo". (8)

P: ¿También conociste a un joven Winston Churchill?

R: Un corresponsal de guerra, a ojos del ejército, es un mal que hay que tolerar. Al ser australiano, jinete de obstáculos y jugador de polo, tenía una reputación (posiblemente ficticia) como juez de caballos y me pedían constantemente que fuera a elegir caballos para los oficiales de los depósitos de remonta. De ese modo, llegué a conocer a celebridades como Lord Roberts, French, Haig, Churchill y Kipling, y alcancé un estatus en el ejército que nunca habría alcanzado como corresponsal.

Churchill tenía una personalidad tan fuerte que incluso en aquellos primeros días, cuando era bastante joven, el ejército estaba dispuesto a apostar a que entraría en la cárcel o se convertiría en Primer Ministro. Había sido soldado, pero tenía una extraña habilidad para enemistarse con sus oficiales superiores e inferiores. (9)

P: Sr. Paterson, muchos de sus personajes eran tan realistas que sus lectores creían que escribía sobre gente que conocía. ¿Había realmente un hombre de Snowy River?".

R: "El hombre de Snowy River"... se escribió para describir la limpieza de los caballos salvajes de mi propio distrito. Para hacerlo bien, tuve que crear un personaje, imaginar a un hombre que cabalgara mejor que nadie, y ¿de dónde vendría sino del Nevado? ¿Y qué tipo de caballo montaría, excepto un poni de montaña medio pura sangre? Estaba segura de que tenía que haber un hombre de Snowy River, y tenía razón. Han aparecido de todos los distritos montañosos, hombres que han hecho exactamente el mismo recorrido y que podrían explicarte con pelos y señales cada kilómetro que han descendido y cada arroyo que han cruzado. No fue poca satisfacción saber que realmente había habido un hombre de Snowy River, más de uno... (10)

P: A mi hijo Simon le encantan muchos de los poemas que has escrito para niños. Sus favoritos son los de las ardillas voladoras y el ornitorrinco. Si le llamo, ¿te importaría leerle?

R: Será un placer.

Me excusé en el balcón y le expliqué a mi hijo Simon, de cinco años, que iba a conocer a "El Banjo" Paterson. Simon iba vestido con su disfraz de Spiderman y recibió lo que parecía un firme apretón de manos del Sr. Paterson. A continuación, "El Banjo" invitó a

Simon a sentarse en sus rodillas mientras recitaba sus poemas:

ARDILLAS VOLADORAS
En el escarpado cobertizo de agua
En lo alto del camino de herradura
Donde hace años, como dicen los viejos
los partidores iban con un carro de bueyes
Pero nunca regresó un carro
En la época de la floración del eucalipto,
Cuando el aroma en el aire es fuerte,
y la flor se agita con la brisa del atardecer,
Puedes ver a las ardillas entre los árboles,
Jugando toda la noche.
Ninguna preocupación
perturba sus cerebros sencillos
Puedes verlas deslizarse a la tenue luz de la luna
De árbol en árbol y de rama en rama,
Pequeños aviones grises
Cada uno duerme como un lirón
En el caño de un viejo eucalipto,
Una bola de pelo con un pelaje plateado
Cada uno con una cola alrededor de la garganta
Por miedo a que se resfríe.
Estas son las cosas que come
Pide a sus amigos que cenen:
Polillas y escarabajos y brotes recién nacidos,
Miel y bocadillos de las frutas autóctonas,

Y un vaso de rocío como vino (11)

Simón aplaudió mientras "El Banjo" hojeaba el libro hasta que encontró el que quería leer:

EL VIEJO ORNITORRINCO

Lejos de los problemas y las fatigas de la ciudad,

Donde los cañaverales barren y tiemblan,

Mira el fragmento de terciopelo marrón -

Viejo Hombre Ornitorrinco a la deriva,

A la deriva por el río.

Y juega y se zambulle en los recodos del río

Con un estilo de lo más esquivo

Con pocos parientes y menos amigos,

Porque el Viejo Ornitorrinco desciende

De una familia muy esquiva

Comparte su madriguera bajo la orilla

Con su mujer, su hijo y su hija

En las raíces de los juncos y las hierbas rancias;

Y las burbujas muestran dónde se hundió nuestro héroe

Hasta su entrada bajo el agua

A salvo en la madriguera bajo las cataratas

Viven en un mundo de maravilla

Donde nadie visita y nadie llama,

Duermen como pequeñas bolas de billar marrones

Con sus picos bien metidos debajo.

El Sr. Paterson sintió que era hora de irse. Como no quería asustar a Simon, le dio unas palmaditas suaves en la cabeza y me lo pasó. Se alejó por el pasillo y desapareció de la vista de Simón. Luego se volvió, sonrió, se quitó el sombrero y desapareció. Volví a la realidad cuando Simon me tiró de la camisa. Se estaba impacientando por terminar su querido poema:

Y habla con un gruñido profundo e inamistoso

Mientras sigue su viaje solitario

Pues no tiene parentesco con pez ni ave

ni con ave ni con bestia, ni con búho cornudo;

De hecho, ¡es el único! (12)

Simon y yo seguimos leyendo hasta bien entrada la noche, hasta que se durmió en mis brazos. No creo que Simon se diera cuenta de la importancia de conocer a "El Banjo" Paterson en su propia casa. Quizá algún día lo haga.

Amigo, lee estos... ¡Son todos una pasada!

El hombre de Snowy River y otros versos

Saltbush Bill J.P. y Otros Versos

Cantor de la Zarza

Canción de la Pluma

Banjo Paterson - Un Tesoro Infantil

Los Australianos de Banjo Paterson

Jinetes del Río Nevado

El poder de tres elefantes y otras historias

Viejos Tiempos de Escuela

El hombre que estaba lejos

El Poeta Pannikin

La rima de los O'Sullivan

El camino a Gundagai

El incendio forestal - Una alegoría
Un sueño de la Copa de Melbourne
El Desbordamiento de Clancy
El Hipnotizador

¡Hoo-roo!
Cathy McGough
Tu Entrevistadora de Escritores Legendarios del Más Allá

THOREAU DE PASEO

HOY COMPARTIREMOS UN PASEO matutino con un hombre que tenía alma de poeta. Se llama Henry David Thoreau y nació el 12 de julio de 1817 en Concord, Massachusetts. Cuando murió, a los 45 años, sus dos libros publicados se habían vendido miserablemente. Para Henry David Thoreau, seguramente caminaba "al son de un tambor diferente".

(Discúlpame un momento, mientras compruebo los progresos de Madame Delatour para ponerse en contacto con el Sr. Thoreau).

Al parecer, Madame Delatour no ha podido ponerse en contacto con el Sr. Thoreau esta mañana, aunque ha accedido a hacer una entrevista con nosotros hoy. Me ha sugerido que empiece a caminar, y ella le traerá para que me alcance en breve.

Sintiéndome un poco agitada, acepté la idea y me alegré mucho de salir al aire de la mañana. En realidad no soy una "persona de mañanas", pero una vez que el aire me golpea, normalmente puedo seguir el ritmo de los mejores.

Empecé a caminar por el sendero, pasando junto a los eucaliptos, cuando vi una cría de cucaburra sentada en brazos. Me detuve para hacer el sonido de una cucaburra, pero no reconoció mi versión distorsionada de su risa y me prestó poca atención. Las lagartijas corrían desordenadamente mientras yo avanzaba por el camino de entrada y salía a la calle.

Me detuve momentáneamente para reflexionar sobre qué ruta disfrutaría más el Sr. Thoreau y decidí cruzar parte del camino por el puente y esperarle allí.

Me quedé de pie sobre el puente, mirando hacia abajo mientras el sol bailaba sobre mi ondulante reflejo. Recité en voz alta uno de los poemas del Sr. Thoreau:

EL NIÑO DEL PESCADOR
Mi vida es como un paseo por la playa,
Tan cerca de la orilla del océano como puedo ir
Mis pasos tardíos sus olas a veces alcanzan,
A veces me quedo para que se desborden.
Mi único empleo es, y escrupuloso cuidado
Colocar mis ganancias fuera del alcance de las mareas.
Cada guijarro más liso, y cada concha más rara,
Que el Océano confía amablemente a mi mano.

El mar del medio

En este punto el Sr. Thoreau terminó la última estrofa

El mar medio no contiene dulse carmesí,
Sus olas más profundas no arrojan perlas a la vista
A lo largo de la orilla mi mano está en su pulso,
Y converso con muchos náufragos. (1)

Madame Delatour y yo aplaudimos enérgicamente. El Sr. Thoreau se quitó la gorra e hizo una reverencia. Le tendí la mano, dándole la bienvenida a Cooks River, en Sydney, Australia, pero no pareció reparar en mí. Madame Delatour tenía toda su atención.

El Sr. Thoreau felicitó a Madame por su aspecto encantador. Le levantó la mano y la estrechó contra su corazón sin dejar de mirarla profundamente a los ojos. Le cogió la mano y la besó apasionadamente preguntándole si su mano estaba "prometida" a alguien.

Madame Delatour rara vez se queda sin palabras, pero esta vez no podía hablar. Tuvo cuidado de no ofender al Sr. Thoreau, que no era su tipo, murmuró algo y se despidió de nosotros. ¡Nunca había visto a nadie con unos tacones de 10 cm caminar tan deprisa!

El Sr. Thoreau vio cómo Blanchetta desaparecía de su vista y luego se unió a mí en un paseo por el puente de madera. Un pez saltó, pareciendo agitar la cola a modo de saludo, y el Sr. Thoreau se detuvo para devolverle el saludo.

Eran casi las 6 de la mañana y el Sr. Thoreau me hizo un cumplido. Supuso que, puesto que yo salía a altas horas de la madrugada, ésa era mi rutina habitual.

Odiaba estropearle la ilusión, pero sentí la necesidad de confesarle lo que hice, y ésta fue su respuesta:

¡Aire de la mañana! Si no quieres beberlo en la fuente del día, ¡hay que embotellar un poco y venderlo en las tiendas, en beneficio de los que han perdido su billete de suscripción a la hora de la mañana en este mundo!

Debes aprender a despertarte y a mantenerte despierto, no mediante ayudas mecánicas, sino por una infinita expectación del amanecer, que no te abandona en tu sueño más profundo. No conozco hecho más alentador que la incuestionable capacidad del hombre para elevar su vida mediante un esfuerzo consciente. Es algo poder pintar un cuadro en particular, o esculpir una estatua, y así embellecer algunos objetos; pero es mucho más glorioso esculpir y pintar la atmósfera misma y el medio a través del cual miramos, lo que moralmente podemos hacer. Afectar a la calidad del día, ésa es la más elevada de las artes. Todo hombre tiene la tarea de hacer que su vida, incluso en sus detalles, merezca la contemplación de su hora más elevada y crítica. Si rechazáramos, o más bien agotáramos, la mísera información que obtenemos, los oráculos nos informarían claramente de cómo hacerlo. (2)

Le expliqué la teoría de ser una "persona matutina" en contraposición a ser una "persona vespertina" o "nocturna"... cómo algunas personas no son del todo sociables hasta cierta hora del día. Ante esto, exclamó

¡Pshhha! Pronto me dirás que te sientes cómodo caminando por senderos escarpados, ¡con un calzado totalmente inapropiado para la tarea!

Miré mi par de botas negras altas hasta el tobillo, con un bonito tacón de 5 cm, y no pude evitar reírme.

P: Ya que hemos abordado el tema, ¿cuál es tu opinión sobre la moda?

R: El mono jefe de París se pone una gorra de viajero y todos los monos de América hacen lo mismo. El objetivo principal no es que la humanidad vaya bien y honestamente vestida, sino, incuestionablemente, que las corporaciones se enriquezcan. (3)

P: Las cosas no han cambiado mucho ni siquiera hoy en día, Sr. Thoreau. El mundo sigue clamando por las últimas modas, ¡algunas de las cuales te escandalizarían! ¿Qué opinas del cambio?

R: Todo cambio es un milagro que contemplar; pero es un milagro que se produce a cada instante. Confucio dijo: "Saber que sabemos lo que sabemos, y que no sabemos lo que no sabemos, ése es el verdadero conocimiento". Cuando un hombre haya reducido un hecho de la imaginación a un hecho para su entendimiento, preveo que todos los hombres establecerán finalmente sus vidas sobre esa base. (4)

P: ¿Te importaría leernos un poema?

R: Éste te lo dedico a ti, Cathy:

AMISTAD
Pienso un rato en el Amor, y mientras pienso,
El Amor es para mí un mundo,
Única carne y dulcísima bebida,
Y estrecho vínculo de unión
Entre el Cielo y la tierra.
Sólo sé que es, No cómo ni por qué,
Mi mayor felicidad;
Por mucho que lo intente,
Ni aunque muriera
Podría explicarlo.
Me gustaría preguntar a mi amigo cómo puede ser,
Pero cuando llega el momento
Entonces el Amor es más hermoso
Que cualquier cosa para mí,
Y por eso enmudezco.
Pues si se supiera la verdad, El Amor no puede hablar,
Sino que sólo piensa y hace;
Aunque seguramente se filtrará
Sin la ayuda del griego
O de cualquier lengua.
Un hombre puede amar la verdad y practicarla,
Puede admirar la belleza,
y no omitir la bondad,
Tanto como convenga

Reverenciar.
Pero sólo cuando estos tres juntos se reúnen
Como siempre se inclinan,
Y hacen de una sola alma el asiento
Y retiro favorito
De la hermosura;
Cuando bajo forma afín, como amores y odios
Y una naturaleza afín,
nos proclaman compañeros,
Expuestos a destinos iguales
Eternamente;
Y que cada uno ayude al otro, y le sirva,
estrechando aún más los lazos del Amor,
Servicio que nunca lamentará
Mientras uno y uno sean dos,
y dos son uno;
Sólo en tal caso el hombre demuestra plenamente
Todo lo que el hombre puede hacer,
Qué poder hay en el Amor
Su alma íntima para moverse
sin resistencia.
Me refiero a dos robustos robles, que uno al lado
del otro
resisten la tormenta del invierno,
Y a pesar del viento y la marea,
Crecen en el orgullo de la pradera,
Pues ambos son fuertes
Arriba apenas se tocan, pero socavados
Hasta su fuente más profunda,

Admirando encontrarás

Que sus raíces se entrelazan

Insep'rablemente. (5)

P: He disfrutado mucho leyendo tu libro "WALDEN". No pude evitar envidiar tu situación única y tu valentía. ¿Qué fue lo más importante que aprendiste?

Para los que no lo sepáis, el Sr. Thoreau se retiró a Walden Pond, donde se construyó una cabaña en la que vivió de la tierra de 1845 a 1847.

R: Aprendí que si uno avanza con confianza en la dirección de sus sueños y se esfuerza por vivir la vida que ha imaginado, obtendrá un éxito inesperado en horas normales. Dejará atrás algunas cosas, traspasará un límite invisible; leyes nuevas, universales y más liberales comenzarán a establecerse a su alrededor y dentro de él; o las viejas leyes se ampliarán e interpretarán a su favor en un sentido más liberal, y vivirá con la licencia de un orden superior de seres. En la medida en que simplifique su vida, las leyes del universo parecerán menos complejas, y la soledad no será soledad, ni la pobreza, pobreza, ni la debilidad, debilidad. Si has construido castillos en el aire, tu trabajo no tiene por qué perderse; ahí es donde deben estar. Ahora pon los cimientos bajo ellos. (6)

P: Construiste tu propia buhardilla en "Walden", ¿recomiendas a otros que emprendan una tarea semejante?

R: Hay algo de la misma idoneidad en que un hombre construya su propia casa que en que un pájaro construya su propio nido. ¿Quién sabe si los hombres construyeran sus viviendas con sus propias manos y se proporcionaran alimentos a sí mismos y a sus familias de forma sencilla y honesta, la facultad poética se desarrollaría universalmente, como los pájaros cantan universalmente cuando se dedican a ello? Pero, ¡ay! Somos como los mirlos y los cucos, que ponen sus huevos en nidos que otros pájaros han construido y no alegran a ningún viajero con sus notas parlanchinas y poco musicales. (7)

P: Algunos son constructores; otros, soñadores. ¿No crees que todas las personas son capaces de hacer lo que tú hiciste?

R: Todo niño vuelve a empezar el mundo, hasta cierto punto, y le encanta estar al aire libre, incluso en la humedad y el frío. Juega a las casitas, así como a los caballos, pues tiene instinto para ello. ¿Quién no recuerda el interés con que de joven miraba las rocas salientes o cualquier aproximación a una cueva? Era el anhelo natural de aquella parte de nuestro antepasado más primitivo, que aún nos sobrevivía. De la cueva hemos avanzado a tejados de palmeras, de corteza y ramas, de lino tejido y tendido, de hierba y paja, de tablas y tejas, de piedras y tejas. Por fin, no sabemos lo que es vivir al aire libre, y nuestra vida es doméstica en más sentidos de los que pensamos. Del corazón al campo hay una gran distancia. Tal vez estaría bien que pasáramos más días y noches sin ningún obstáculo entre nosotros y los cuerpos celestes, que el poeta no hablara tanto desde debajo de un tejado, ni el santo habitara allí tanto tiempo. Los pájaros no cantan en las cuevas, ni las palomas abrigan su inocencia en los palomares. (8)

P: Mi hijo empieza sus estudios este año, y mi marido y yo ya estamos preocupados por su futuro. ¿Tienes algún consejo para nosotros?

A: Si yo deseara que un muchacho supiera algo acerca de las Artes y las Ciencias, por ejemplo, no seguiría el curso común, que consiste simplemente en enviarlo al vecindario de algún profesor, donde se profesa y practica cualquier cosa menos el arte de la vida; - que observara el mundo a través de un telescopio o un microscopio, y nunca con su ojo natural; estudiar Química, y no aprender cómo se hace su pan o Mecánica, y no aprender cómo se gana; descubrir nuevos satélites a Neptuno, y no detectar las motas en sus ojos, o a qué vagabundo él mismo es un satélite; o ser devorado por los monstruos que pululan a su alrededor, mientras contempla a los monstruos en una gota de vinagre.

¿Quién habría avanzado más al final del mes, el muchacho que había fabricado su propia navaja con el mineral que había excavado y fundido, leyendo todo lo necesario para ello, o el muchacho que había asistido entretanto a las conferencias sobre metalurgia en el Instituto, y había recibido de su padre una navaja Rogers? ¿Cuál tendría más probabilidades de cortarse los dedos? (9)

P: Gracias por tu consejo. No hay duda de qué muchacho preferiría que fuera mi hijo. Sr. Thoreau, usted pasó un tiempo en la cárcel. ¿Podría describir qué ocurrió y por qué estuvo allí?

R: No pagué el impuesto de capitación durante seis años. Una vez me metieron en una cárcel por este motivo, durante una noche; y, mientras consideraba las paredes de piedra maciza, de dos o tres pies de grosor, la puerta de madera y hierro, de un pie de grosor, y la reja de hierro que dificultaba la luz, no pude evitar quedarme impresionado por la insensatez de aquella institución que me trataba como si fuera mera carne, sangre y huesos, para ser encerrado. Me extrañaba que hubiera llegado a la conclusión de que ése era el mejor uso que podía hacerme y que nunca hubiera pensado en servirse de mis servicios de alguna manera.

Vi que, si había un muro de piedra entre mis conciudadanos y yo, aún quedaba otro más difícil de escalar o traspasar antes de que pudieran llegar a ser tan libres como yo. Ni por un momento me sentí confinado, y los muros me parecieron un gran desperdicio de piedra y argamasa. Sentí como si sólo yo de entre todos mis conciudadanos hubiera pagado mi impuesto. Era evidente que no sabían cómo tratarme, sino que se comportaban como personas mal educadas. En cada amenaza y en cada cumplido había una metedura de pata, pues pensaban que mi principal deseo era estar al otro lado de aquel muro de piedra. No pude menos que sonreír al ver con cuánta diligencia cerraban la puerta a mis mediaciones, que les seguían de nuevo sin dejarles ni estorbarles, y eran realmente todo lo peligroso. Como no podían alcanzarme, habían resuelto castigar mi cuerpo. Vi que el Estado era medio tonto y perdí todo el respeto que me quedaba por él y me compadecí de él. (10)

P: Si nunca te sentiste atrapada, como pretendían que te sintieras, ¿crees que descubriste algunas cosas sobre ti misma, que de otro modo quizá nunca hubieras sabido?

R: Fue como viajar a un país lejano, como nunca había esperado contemplar, para pasar allí una noche. Me pareció que nunca antes había oído sonar el reloj de la ciudad, ni los sonidos nocturnos del pueblo, pues dormimos con las ventanas abiertas, que estaban dentro de la reja. Fue ver mi aldea natal a la luz de la Edad Media, y nuestra Concordia se convirtió en un arroyo del Rin, y ante mí pasaron visiones de caballeros y castillos. Eran las voces de los viejos burgueses que oía en las calles. Era espectador y auditor involuntario de todo lo que se hacía y decía en la cocina de la posada del pueblo adyacente, una experiencia totalmente nueva y rara para mí. Era una visión más cercana de mi ciudad natal. Estaba prácticamente dentro de ella. Nunca había visto sus instituciones. Ésta era una de sus instituciones peculiares, pues se trataba de una comarca. Empecé a comprender en qué consistían sus habitantes. (11)

P: ¿Te sentiste eufórico al ser liberado?

R: Cuando salí de la cárcel -porque alguien interfirió y pagó el impuesto- no percibí que se hubieran producido grandes cambios en el común, tales como los que observó quien entró siendo joven y salió siendo un hombre tambaleante y de cabeza gris; y, sin embargo, a mis ojos se había producido un cambio en la escena -la ciudad, el Estado y el país- mayor que cualquiera que el mero tiempo pudiera efectuar. Vi aún más claramente el Estado en el que vivía. Vi hasta qué punto se podía confiar en la gente entre la que vivía como buenos vecinos y amigos; que su amistad era sólo para el tiempo de verano; que no se proponían mucho hacer el bien; que eran una raza distinta de la mía por sus prejuicios y supersticiones. Que en sus sacrificios por la humanidad no corrían ningún riesgo, ni siquiera para su propiedad; que después de todo no eran tan nobles, sino que trataban al ladrón como él les había tratado a ellos, y esperaban mediante cierta observancia externa y unas cuantas oraciones, y caminando de vez en cuando por una senda particular, recta aunque inútil, salvar sus almas. Puede que esto sea juzgar duramente a mis vecinos, pues creo que muchos de ellos no sabían que tenían en su pueblo una institución como la cárcel. (12)

P: ¿Te trataron de forma diferente cuando volviste a la sociedad?

R: Antiguamente era costumbre en nuestro pueblo, cuando un pobre deudor salía de la cárcel, que sus conocidos le saludaran, mirando a través de sus dedos, que estaban cruzados para representar la reja de una ventana de la cárcel: "¿Cómo estáis?".

Mis vecinos no me saludaron así, sino que primero me miraron a mí y luego unos a otros, como si hubiera regresado de un largo viaje. Me metieron en la cárcel cuando iba a los zapateros a por un zapato, que fue remendado. Cuando me dejaron salir a la mañana siguiente, procedí a terminar mi recado, y después de ponerme el zapato remendado, me uní a una partida de arándanos, que estaban impacientes por ponerse bajo mi dirección; y en media hora -pues el caballo no tardó en ser abordado- estaba en medio de un campo de arándanos, en una de nuestras colinas más altas, a dos millas de distancia, y entonces el Estado ya no se veía por ninguna parte. Tal fue la historia de "Mis Prisiones". (13)

P: ¿Cuál es, en tu opinión, el poder de la escritura?

R: La palabra escrita es la más selecta de las reliquias. Es algo a la vez más íntimo a nosotros y más universal que cualquier otra obra de arte. Es la obra de arte más cercana a la vida misma. Puede ser traducida a todas las lenguas, y no sólo ser leída, sino realmente exhalada por todos los labios humanos; -

no sólo ser representada en un lienzo o en mármol, sino ser esculpida con el aliento de la vida misma. (14)

P: ¿Tienes algún consejo que ofrecer a los lectores de 2003 en adelante?

R: ¡Sencillez, sencillez, sencillez! Digo que tus asuntos sean como dos o tres, y no como cien o mil; en lugar de un millón cuenta media docena, y lleva tus cuentas en la uña del pulgar. Simplifica, simplifica. En vez de tres comidas al día, si es necesario come sólo una; en vez de cien platos, cinco; y reduce otras cosas en proporción. Por muy mezquina que sea tu vida, conócela y vívela; no la rehuyas ni la insultes duramente. No es tan mala como tú. Parece más pobre cuando tú eres más rico. El buscador de defectos encontrará defectos incluso en el paraíso. Ama tu vida, por pobre que sea. Puede que pases horas agradables, emocionantes y gloriosas, incluso en una casa pobre. El sol poniente se refleja en las ventanas de la casa de limosna tan brillantemente como en la morada del hombre rico; la nieve se derrite ante su puerta tan temprano como en primavera. No veo cómo una mente tranquila puede vivir allí tan satisfecha y tener pensamientos tan alentadores como en un palacio. (15)

P: No sé cuánto tiempo queda, pero me gustaría oírte recitar uno o dos poemas más...

R: Estos dos: caminad de la mano:

HUMO
Humo de alas claras, pájaro icariano,
Derritiendo tus piñones en tu vuelo ascendente;
Alondra sin canto, y mensajera de la aurora,
Volando sobre las aldeas como tu nido;
O bien, sueño que se va, y forma sombría
De visión de medianoche, recogiendo tus faldas;
De noche velando las estrellas, y de día
oscureciendo la luz y borrando el sol;
Sube, incienso mío, de este hogar,
Y pide a los dioses que perdonen esta clara llama.

NIEBLA
Nube BAJA,
Aire de Terranova,
manantial y fuente de los ríos,
Paño de rocío, paño de sueños,
Y servilleta extendida por fays;
Pradera a la deriva del aire,
Donde florecen los bancos de margaritas y violetas,
Y en cuyo laberinto fénico
El avetoro bulle y la garza vadea;
Espíritu de lagos, mares y ríos,
Lleva sólo perfumes y el aroma
De hierbas curativas a los campos de los hombres justos. (16)

P: Señor Thoreau, gracias por iluminar mi espíritu con tus palabras. Eres un verdadero Poeta de Poetas.

Estás empezando a desvanecerte y, de hecho, tu tiempo se está acabando.

R: El tiempo no es más que el arroyo en el que voy a pescar. Bebo en él; pero mientras bebo, veo el fondo arenoso y detecto lo poco profundo que es. Su delgada corriente se desliza, pero la eternidad permanece. Bebería más hondo; pescaría en el cielo cuyo fondo es de guijarros con estrellas. No puedo contar ni una. (17)

Henry David Thoreau desapareció una vez más. Espero que se le aprecie más en el Cielo de lo que se le ha apreciado nunca aquí en la Tierra. Mientras mis pensamientos continuaban en esa línea, de repente, a través de los árboles, como una canción del viento, Henry David Thoreau susurró

Si el hombre no sigue el ritmo de sus compañeros, quizá sea porque oye un tambor diferente. Que siga el ritmo de la música que oye, por muy comedida o lejana que sea. No importa que madure tan pronto como un manzano o un roble. ¿Debe convertir su primavera en verano?

Si la condición de las cosas para las que fuimos hechos aún no existe, ¿qué realidad podríamos sustituir? No naufragaremos en una realidad vana. ¿E erigiremos con dolores un cielo de cristal azul sobre nosotros mismos, aunque cuando esté hecho, estaremos seguros de contemplar todavía el verdadero cielo etéreo muy por encima, como si el anterior no existiera? (18)

Te sugiero que primero leas "Walden", ¡y luego profundices en el resto!

Walden

Sobre el Deber de Desobediencia Civil Pt. 1 y 2

Inspiración

Caminar

La Vida Sin Principios

La Dispersión de las Semillas

Los Bosques de Maine

Conocí a un Hombre de Vista

¿Rezar a Qué Tierra?

Epitafio sobre el Mundo

Una Semana en los Ríos Concord y Merrimack

Un yanqui en Canadá

Simpatía

Amor libre

A un ave descarriada

La lluvia de verano

El Caballero Negro

La Amistad.

Hasta la vista

Cathy McGough

Tu Entrevistadora de Escritores Legendarios del Más Allá

LORD BYRON HACE SU ENTRADA

Fue en julio de 2001, cuando Madame Delatour trajo a Lord Byron a verme. (O debería decir, nos trajo a nosotros a verle a él.) Lord Byron fue el único escritor que solicitó que la entrevista se celebrara en un lugar concreto de su elección.

Nuestro destino era Croft-on-Tees, en Yorkshire del Norte. El Sr. Byron nos pidió que nos reuniéramos con él en la Rectoría (que descubrí que ahora se llama la Antigua Rectoría.) Dijo que aparecería desde detrás de un banco Milbanke con cortinas. (1)

Una vez que llegamos al aeropuerto londinense de Gatwick, hicimos uso de las instalaciones, tomamos algunos aperitivos y bebidas y nos dirigimos a "Alamo Auto Rentals".

A la Sra. Delatour le encantaba conducir por el otro lado de la carretera, así que cogí el volante y nos pusimos en camino. Fue un viaje muy tranquilo; a medida que nos acercábamos más y más a Yorkshire, no podíamos evitar fijarnos en la crudeza del paisaje que nos rodeaba.

Llegamos a la Antigua Rectoría a las 11 de la mañana y entramos inmediatamente. Madame Delatour se puso manos a la obra para llamar a Lord Byron. Él le había dado instrucciones específicas de no entrar en la zona de cortinas, pues quería hacer una "entrada".

George Gordon Byron nació el 22 de enero de 1788. Vivió una vida llena de controversia y a veces de caos. Nació en Inglaterra, pero se fue a vivir al extranjero para escapar del escándalo y los rumores.

Lord Byron murió el 19 de abril de 1824 y, a petición suya, su cuerpo fue trasladado a Inglaterra. Se le negó el entierro en el Rincón del Poeta de la Abadía de Westminster, y en su lugar fue enterrado en el panteón familiar de Hucknall Torkard, en Nottinghamshire. Varios años después de su muerte, se preparó un comité para levantar un monumento a Byron, que se ofreció a la Abadía de Westminster. También fue rechazado. (2)

Leeré uno de los poemas de Lord Byron mientras esperamos:

CUANDO NOS SEPARAMOS
Cuando nos separamos
En silencio y con lágrimas,

Con el corazón medio roto,
Para separarnos durante años,
Pálida se puso tu mejilla y fría,
Más frío tu beso;
En verdad aquella hora presagiaba
El dolor a esto.
El rocío de la mañana
me heló la frente
Fue como una advertencia
De lo que siento ahora.
Todos tus votos están rotos
Y ligera es tu fama:
Oigo pronunciar tu nombre
Y comparto su vergüenza.
Te nombran ante mí,
Un nudo en mis oídos;
Un escalofrío me invade -
¿Por qué fuiste tan querido?
No saben que te conocí
Que te conocía demasiado bien
Mucho, mucho tiempo te lamentaré
Demasiado para contarlo.
En secreto nos conocimos -
En silencio me aflijo
Que tu corazón pueda olvidar
que tu espíritu engañe.
Si te encontrara
Después de largos años
¿Cómo te saludaría?

Con silencio y lágrimas. (3)

Madame Delatour y yo llorábamos desconsoladamente cuando Lord Byron salió de detrás del biombo, apartando la cortina carmesí como si esperara la acometida de un toro desde el otro lado. Llevaba un traje de terciopelo azul real, con volantes en los puños y en el cuello de una camisa blanca. Tenía un aspecto llamativo, y avanzó hacia nosotros, tomando primero la mano de Madame Delatour entre las suyas y besándola ligeramente, y luego haciendo lo mismo con la mía. Se paseó por la rectoría, observándola, casi como si buscara a alguien o algo.

Madame Delatour (con cierta reticencia) se escabulló por la puerta trasera, dejándonos a lord Byron y a mí sentados solos en el banco delantero. La dura madera crujió cuando me senté, y Lord Byron se arrojó sobre el banco como si fuera el sofá de su propia casa, mirándome con la cabeza apoyada en sus manos ahuecadas.

P: ¿Puedo preguntarte por qué has elegido ser entrevistado aquí?

P: ¿Has investigado sobre esta reunión? ¿Podríais decirme por qué creéis que os he convocado aquí, mi señora?

R: Sólo puedo hacer conjeturas. ¿Es porque os casasteis aquí con Lady Ann Isabella en 1815?

R: Ah, sí. Lamentablemente. Nunca vi a nadie que mejorara mucho con el matrimonio. Todos mis contemporáneos emparejados eran calvos y descontentos. Wordsworth y Southey perdieron el pelo y el buen humor; y el último de los dos tenía mucho que perder. (4)

P: Me gustaría saber cómo fue tu infancia. Cuéntamela, por favor.

R: Nací, como suelen decir las enfermeras, con una cuchara de plata en la boca, que se me ha atascado en la garganta y me ha estropeado el paladar, de modo que nada de lo que me meten en ella lo trago con mucho gusto, a menos que sea cayena. (5) Siguiente pregunta.

P: Sólo tenías 20 años cuando tus poemas se incluyeron por primera vez en una colección llamada "Juvenilia" en 1808. ¿Qué sentiste al ver tu obra impresa?

R: Aún recuerdo lo que decía en "The Edinburgh Review":

"La Poesía de este joven señor pertenece a la clase que ni los dioses ni los hombres permiten. De hecho, no recordamos haber visto una cantidad de versos con tan pocas desviaciones de esa norma exacta. Sus efusiones se extienden sobre un plano muerto y no pueden subir ni bajar del nivel, más que si fueran agua estancada". (6)

Recuerdo el efecto que me produjo: fue rabia y resistencia, y desagravio, pero no abatimiento ni desesperación. Reconozco que no son sentimientos agradables; pero, en este mundo de ajetreo y agitación, y especialmente en la carrera de escritor, un hombre debe calcular su capacidad de resistencia antes de lanzarse a la arena. (7)

P: ¿Es cierto que nunca has corregido tu obra?

R: Cuando escribía, lo hacía con rapidez y rara vez con dolor... Cuando tomaba la pluma por primera vez, tenía que decir lo que se me ocurría o desecharlo. Siempre he escrito tan rápido como he podido poner la pluma sobre el papel, y nunca he revisado sino en las pruebas... Nunca puedo refundir nada. Soy como el tigre; si pierdo la primera primavera, vuelvo refunfuñando a mi selva. (8)

Johnson nos demostró que ninguna poesía es perfecta; pero haber corregido mi obra habría sido una labor hercúlea. De hecho, nunca miré más allá del momento de la composición, y sólo publiqué a petición de mis amigos. (9)

P: El otro día descubrí en Internet un raro ejemplar de "Juvenilia". ¿Puedes adivinar el precio? 2.500 libras.

P: ¿Qué es on-line?

Metí la mano en el maletín, saqué el portátil, lo encendí y se lo enseñé. Me miró asombrado mientras tecleaba la letra de uno de sus poemas.

R: Es un dispositivo de comunicación y los escritores como yo lo grabamos todo aquí. No necesitas lápiz ni papel. Todo se almacena en el banco de memoria del ordenador.

R: ¡A mí me parece una diablura!

Lord Byron se levantó y se dirigió al altar. Esperó detrás del púlpito. Pronto me di cuenta de que quería que apartara la "diablura" y le prestara toda mi atención.

EN ESTE DÍA CUMPLO
MIS TREINTA Y SEIS AÑOS
Ya es hora de que el corazón no se conmueva,
Ya que otros han dejado de moverlo:
Sin embargo, aunque no pueda ser amado
déjame amar.
Mis días están en la hoja amarilla;
Las flores y los frutos del amor se han ido;
El gusano, el cancro y la pena
son sólo míos.
El fuego que se apodera de mi pecho
Es solitario como una isla volcánica;
Ninguna antorcha se enciende en su resplandor...
Una pila funeraria.
La esperanza, el miedo, el celoso cuidado,
La parte exaltada del dolor
Y el poder del amor, no puedo compartir,
Sino llevar la cadena.
Pero 'no es así--y 'no es aquí--
Tales pensamientos Deben sacudir mi alma ni ahora,
Donde la gloria cubre el féretro del héroe,
O ata su frente.

La espada, el estandarte y el campo,
Gloria y Grecia, ¡a mi alrededor!
El espartano, sobre su escudo,
no fue más libre.
¡Despierta! (no Grecia, ¡está despierta!)
¡Despierta, espíritu mío! Piensa a través de quién
Tu sangre vital rastrea su lago matriz,
Y luego, ¡ataca!
Aplasta esas pasiones reavivadas,
¡Hombre indigno! - a ti
Indiferente sea la sonrisa o el ceño fruncido
de la belleza.
Si lamentas tu juventud, ¿para qué vivir?
La tierra de la muerte honorable
está aquí: --Sube al campo y entrega
¡tu aliento!
Busca... menos a menudo buscado que encontrado...
Una tumba de soldado, la mejor para ti;
Luego mira a tu alrededor y elige tu terreno
y descansa. (10)

P: Tienes una hermosa voz, Lord Byron. ¿Has intentado cantar alguna vez?

R: Cuando estaba en Aston, en mi primera visita, tenía la costumbre, al pasar el tiempo bastante a solas, de -no lo llamaré cantar, pues eso nunca lo intento excepto para mí mismo-, sino de pronunciar, con lo que creo que son melodías, tu "Oh, no respires", "Cuando el último vislumbre" y "Cuando el que te adora", con otras del mismo juglar; -son mis maitines y vísperas. Ciertamente no era mi intención que se oyeran, pero una mañana entró, no La Donna, sino Il Marito, con rostro muy serio, diciendo: "Byron, debo pedirte que no cantes más, al menos de esas canciones". Me quedé mirando y dije: "Desde luego, pero ¿por qué?". - "A decir verdad", dijo, "hacen llorar a mi mujer, y tan melancólicamente, que deseo que no las oiga más". (11)

P: ¿Es cierto que "Zuleika" estuvo a punto de no publicarse?

R: Un amigo me aconsejó una vez (sin verlo, por cierto) que no publicara "Zuleika"; yo creía que tenía razón, pero la experiencia le habría enseñado que no publicar es físicamente imposible. Es algo horrible que se hace con demasiada frecuencia; -mejor imprímelo y los que quieran podrán leerlo, y si no les gusta, tendrás la satisfacción de saber que, al menos, han comprado el derecho a decirlo. (12)

P: ¿Cuál es tu opinión sobre William Shakespeare?

R: Puedes estar seguro de que el nombre de Shakespeare está absurdamente demasiado alto y de que caerá. No tenía ninguna invención en cuanto a historias, ninguna en absoluto. Tomó todas sus tramas de viejas novelas y les dio forma dramática, con tan poco esfuerzo como tú o yo podríamos volver a convertir sus obras en cuentos en prosa. Nadie puede negar que, escribiera lo que escribiera, lanzaba algunos destellos de genio, pero eso era todo.

Supongamos que alguien tuviera que manejar dramáticamente por primera vez historias ya preparadas como Lear, Macbeth, etc., y sería un tipo muy triste si no hiciera de ellas algo muy grandioso.

En cuanto a sus obras históricas, propiamente históricas, quiero decir, eran meras revisiones de obras anteriores sobre los mismos temas, y en veinte casos de veintiuno, lo mejor, lo mejor de todo, está tomado casi textualmente de los viejos asuntos. Crees, sin duda, que un caballo, un caballo, ¡mi reino por un caballo! es de Shakespeare. Ni una sílaba.

Lo encontrarás todo en el viejo dramaturgo sin nombre. ¿No se podría retomar Tom Jones y mejorarlo, sin ser un genio mayor que Fielding? Yo, por mi parte, creo que las obras de Shakespeare podrían mejorarse, y el público parece y ha parecido pensar lo mismo, pues ninguna de las suyas se representa ni se ha representado nunca tal como él la escribió; y lo que el público aplaudió hace trescientos años, cinco de cada diez veces no es de Shakespeare, sino de Cibber. (13)

P: ¿Tenías alguna técnica especial para atraer a tu Musa?

R: Un amigo y yo bebíamos juntos, desde las seis hasta medianoche, una botella de champán y seis de clarete, y luego:

Escribo esto tambaleándome,

Habiéndome emborrachado mucho hoy

De modo que parece que estoy de pie sobre el techo. (14)

Lord Byron se rió mientras cogía una de las copas del altar y fingía que sorbía hambriento.

P: Tu sátira "Childe Harold" arrasó en todo el mundo. Tom Moore, tu biógrafo, escribió: "El efecto fue eléctrico". ¿Estabas eufórico cuando recibiste la noticia?

R: ¡Me desperté una mañana y me encontré famoso! (15)

CHILDE HAROLD

Estrofas n° 75 y 76

¿No son las montañas, las olas y los cielos, una parte
De mí y de mi alma, como yo de ellos?
¿No es el amor de ellas profundo en mi corazón
Con una pasión pura? ¿No debería condenar
Todos los objetos, si se comparan con éstos? Y contener
Una marea de sufrimiento, antes que renunciar
Tales sentimientos por la flema dura y mundana
De aquellos cuyos ojos sólo se vuelven hacia abajo
mirando al suelo, con pensamientos que no se atreven a brillar?

Pero éste no es mi tema y vuelvo
A lo inmediato y requiero
A los que encuentran contemplación en la urna
que miren a Uno, cuyo polvo fue una vez todo fuego,

Un nativo de la tierra donde respiro
El aire claro por un tiempo - un huésped de paso,
Donde se convirtió en un ser, - cuyo deseo
era ser glorioṡo; era una búsqueda insensata,
La que por ganar y conservar, Sacrificó el resto. (16)
Cuando terminó, metí la mano en el bolso y di un trago rápido a mi botella de Evian. Le ofrecí un trago y examinó la botella de plástico con cierta curiosidad. Le expliqué la afición del mundo a comprar agua embotellada. Mientras me la devolvía, murmuró algo sobre la estupidez del hombre en el futuro...

P: ¿Es cierta la historia de que creías que John Keats murió a causa de una mala crítica en "The Quarterly"?

R: Shelley escribió una elegía sobre Keats, acusando a "The Quarterly" de haberlo matado:

¿Quién mató a John Keats?
Yo, dice "The Quarterly",
tan salvaje y tártaro;
Fue una de mis hazañas.
¿Quién disparó la flecha?
El sacerdote poeta Milman
(Tan dispuesto a matar al hombre),
O Southey o Barrow.

Sabes muy bien que no aprobaba la poesía de Keats, ni sus principios poéticos. Su "Hyperion" es un bello monumento y conservará su nombre. No envidio al hombre que escribió el artículo: "La gente de la revista "The Quarterly" no tiene más derecho a matar que cualquier otra gente de a pie. Sin embargo, quien muriera por un artículo en una revista, probablemente habría muerto por otra cosa igualmente trivial. (17)

P: ¿Podrías hablarme de tu amistad con Percy Bysshe Shelley?

R: Era la persona de menos de treinta años más agradable que he conocido. (18) Era, que yo sepa, el menos egoísta y el más bondadoso de los hombres; un hombre que había hecho más sacrificios de su fortuna y de sus sentimientos por los demás que cualquiera de los que he oído hablar. (19)

P: Hay dos leyendas que aún hoy se creen sobre el Sr. Shelley. Una era sobre su corazón, la otra sobre lo que llevaba en el bolsillo cuando se ahogó. ¿Podrías confirmarla o desmentirla?

R: Quemamos los cuerpos de Shelley y Williams en la orilla del mar, para dejarlos en condiciones de ser trasladados y enterrados regularmente. No podéis haceros una idea del extraordinario efecto que produjo semejante pila funeraria, en una orilla desolada, con las montañas al fondo y el mar delante, y el singular aspecto que la sal y el incienso daban a la llama. Todo Shelley se consumió, excepto su corazón, que no soportó la llama y que conservamos en aguardiente de vino. Por otra parte, no fue una Biblia lo que se encontró en el bolsillo de Shelley, sino los poemas de John Keats. (20)

P: Gracias. Agradezco tu franqueza. ¿Elegiste escribir o la escritura te eligió a ti?

R: ¿Quién escribiría si tuviera algo mejor que hacer? Creo que el gran revuelo que se ha montado sobre los garabatos y los escribas, por parte de ellos mismos y de otros, es un signo de afeminamiento, degeneración y debilidad. (21)

Escribí "Puente de Abydos" en cuatro días. Escribí "Corsario" en diez días. Escribí "Lara" mientras me desnudaba después de bailes y mascaradas. De ningún modo sitúo a la poesía o a los poetas en lo alto de la escala de la imaginación. La poesía es la lava de la imaginación, cuya erupción evita un terremoto. Si hubiera vivido diez años más, habrías visto que no todo había terminado conmigo, -no me refiero a la literatura, pues eso no es nada, y, puede parecer bastante extraño decirlo, no creo que fuera mi vocación. ¡Pero habrías visto que hice alguna que otra cosa! ¡Ay, yo era poeta por vocación y pirata por vocación! (22)

Pero si volviera a hacerlo, supongo que volvería a escribir. Así es la naturaleza humana, al menos mi parte de ella, aunque pensaría mejor de mí mismo si hubiera tenido la sensatez de detenerme ahora. (23)

P: ¿Recuerdas un lugar en el patio de la iglesia, en Harrow Hill, donde hay una lápida de la que se dice que era tu asiento favorito cuando meditabas y componías?

Asintió reconociendo el lugar.

Había que protegerla con una jaula de hierro de tus fervientes admiradores, que la destruían y se llevaban trozos en recuerdo tuyo.

R: Una parte del tiempo que pasé allí fue la más feliz de mi vida. (24)

P: ¿Tienes algún consejo para los escritores del futuro?

R: Ríete siempre que puedas. Es una medicina barata. También ofrezco unas palabras de "Don Juan" para vivir:

Porque las palabras son cosas; y una gotita de tinta

Cayendo como el rocío, sobre un pensamiento produce

Lo que hace pensar a miles, quizá millones. (25)

P: ¿Crees que la ausencia hace que el corazón se vuelva más cariñoso?

R: Reflexioné sobre las miserias de la separación, que -¡oh, qué pocas veces vemos a quienes amamos! Sin embargo, vivimos edades en momentos, cuando nos encontramos. Lo único que me consolaba durante la ausencia era la reflexión de que no podía producirse ningún distanciamiento mental o personal, por hastío o desacuerdo; y cuando las personas se encontraban en el más allá, aunque entretanto se hubieran producido muchos cambios, aun así, a menos que estuvieran cansadas la una de la otra, estaban dispuestas a reunirse, y no se culpaban mutuamente de las circunstancias que las habían separado. (26)

P: Llevaste un diario durante muchos años. ¿Es algo que recomendarías a otros escritores?

R: Me vi obligada a escribir un Diario, lo que me preservó del verso, --al menos de conservarlo. A menudo arrojaba poemas al fuego (que se volvía a encender para mi gran consuelo), y luego me sacaba de la cabeza el plan de otro. (27)

P: ¿Es la vida demasiado corta?

R: Cuando se resta de la vida la infancia (que es vegetación), -dormir, comer y tragar-abrocharse y desabrocharse-, ¿cuánto queda de existencia propiamente dicha? El verano de un lirón. (28)

P: ¿Cuál era la forma que menos te gustaba para escribir?

R: Una vez escribí dos Sonetos. Nunca había escrito más que un soneto, y no fue en serio, sino hace muchos años, como ejercicio, y entonces decidí que nunca volvería a escribir otro. Eran las composiciones más pululantes, petrificantes y estúpidamente platónicas. Detestaba tanto al Petrarca, que ni siquiera sería el hombre que hubiera obtenido su "Laura", cosa que el metafísico y quejumbroso dotardo nunca pudo. (29)

Madame Delatour asomó la cabeza por la esquina, señalando ansiosamente su reloj y pidiéndonos que saliéramos. Esperaba que Lord Byron leyera otro poema, pero sentía curiosidad por saber qué o quién nos esperaba fuera.

Al final, la curiosidad cedió y nos aventuramos fuera de la Rectoría. Esperaba a Lord Byron un gran corcel negro, cuyas crines ondeaban como una bufanda al viento. Lord Byron saludó al caballo y saltó sobre su lomo. Nos dio las gracias por haberle reunido con su "verdadero amor" y le acarició los costados con fervor.

P: Por favor, no te vayas todavía. Aún hay tiempo suficiente para que recites: "Ella camina en la belleza".

R: Señoras, efectivamente recitaré el poema que habéis elegido, pero en honor de este apuesto amigo mío.

Lord Byron abrazó la melena de cuervo de su verdadero amor. Ella respondió con un "relincho" mientras él susurraba

ELLA CAMINA EN LA BELLEZA
Camina con belleza, como la noche
De climas sin nubes y cielos estrellados;
Y todo lo mejor de la oscuridad y la luz
Se encuentran en su aspecto y en sus ojos:
Así suavizada a esa tierna luz
Que el cielo niega al día chillón.
Una sombra más, un rayo menos,
había menoscabado la gracia sin nombre
Que ondea en cada trenza de cuervo,
o ilumina suavemente su rostro;

Donde los pensamientos serenamente dulces expresan

Cuán pura, cuán querida es su morada.

Y en esa mejilla, y sobre esa frente,

Tan suave, tan tranquila, pero elocuente,

Las sonrisas que ganan, los tintes que brillan,

Pero hablan de días pasados en bondad,

Una mente en paz con todo lo de abajo,

Un corazón cuyo amor es inocente. (30)

Cuando dijo la última frase, pateó los costados de su caballo y salieron al sol del mediodía. Podíamos oír los cascos, el repiqueteo de las garras y a Lord Byron cantando algo, mientras desaparecían para siempre de la tierra.

Para saber más sobre las obras de Lord Byron te aconsejo que busques lo siguiente:

Peregrinación de Childe Harold

Don Juan

Prometeo

Ojalá fuera un niño descuidado

Todo por amor

Oh! arrebatado en la flor de la belleza

Que te vaya bien

¡En este día cumplo mi trigésimo sexto año!

La tumba de Churchill

Líneas Al Saber Que Lady Byron Estaba Enferma

La Flor de la Belleza

Así Que No Iremos Más De Viaje

Mi Alma es Oscura

Oscuridad

Estrofas para música

El Prisionero de Chillón

Un Espíritu Pasó Ante Mí

Soledad

No Hay Alegría Que El Mundo Pueda Dar

La Destrucción de Senaquerib

Líneas inscritas en una copa formada a partir de un cráneo

A Thomas Moore

Líneas Escritas Bajo un Olmo en el Patio de la Iglesia de Harrow.

Espero que la entrevista de Lord Byron haya merecido la pena.

¡Wes gesund!

Cathy McGough

Tu Entrevistadora de Escritores Legendarios del Más Allá

EL COMIENZO CON BAUDELAIRE

Cuando Madame Delatour y yo nos conocimos, la inesperada aparición de Charles Baudelaire fue todo un shock. Como escéptico de corazón, examiné la zona en busca de todo tipo de artimañas imaginables. Caminé alrededor de monsieur Baudelaire e incluso le estreché la mano para asegurarme de que era real, ya que había aparecido de la nada. Me pregunté si sería un actor, interpretando su papel, pero pronto me di cuenta de que no era así. Porque sí, era el único Charles Baudelaire, nacido en París, Francia, el 9 de abril de 1821.

Tras nuestro encuentro, Madame Delatour me explicó con más detalle su "regalo". Afortunadamente para nosotros, Madame Delatour había empezado a llevar una pequeña grabadora en el bolso para grabar todos los encuentros que tenía. Sin que yo lo supiera, cuando Monsieur Baudelaire hizo su aparición, ella metió la mano en el bolso y activó la grabadora.

Mi querido lector, puedes sugerir que hemos hecho esta grabación ilegalmente, vulnerando los derechos del Sr. Baudelaire, ya que no nos dio permiso para grabar su voz.

Madame Delatour creía que perder un tiempo crucial, pero limitado, explicando al Sr. Baudelaire lo que era una grabadora habría sido imposible.

En el momento de la grabación, yo no conocía el dispositivo de grabación, pero apoyo plenamente la decisión de Madame Delatour. Además, debes recordar que Monsieur Baudelaire ha muerto. (Que descanse en paz).

A efectos de esta recreación, hoy utilizaré las cintas de Madame Delatour. Madame Delatour estaba familiarizada con las obras del Sr. Baudelaire, ya que es indiscutiblemente uno de los poetas franceses más influyentes de todos los tiempos. Yo también conocía algunas de sus obras, aunque no todas, la más famosa de las cuales es "Les Fleurs du Mal" (Las Flores del Mal), que se publicó en 1857. Todos los implicados -autor, editor e impresor- fueron procesados y declarados culpables de obscenidad y blasfemia. Se eliminaron seis poemas del libro. (1)

Sin embargo, hoy en día "Les Fleurs du Mal" es uno de los libros más editados del mundo de la literatura.

Se ha traducido a muchos idiomas y se lee en todo el mundo.

Mientras esperamos, qué mejor manera de pasar el tiempo que leyendo:

LA BELLEZA

Soy tan bella, ¡oh mortales! Como un sueño de piedra,

Y mi pecho, en el que cada hombre es herido a su vez,

Está hecho para inspirar en el poeta un amor

Tan eterno y mudo como la materia.

Presido en los cielos como una esfinge incomprendida;

Uno un corazón de nieve con la blancura de los cisnes;

Odio todo movimiento, que desplaza las líneas,

y nunca lloro ni río.

Los poetas ante mis grandes poses

Que parecen tomar prestadas de los más orgullosos monumentos,

Consumirán sus días en austeros estudios;

Pues tengo, para fascinar a estos dóciles amantes,

Espejos puros que todo lo embellecen;

¡Mis ojos, mis grandes ojos con su luz eterna! (2)

Monsieur Charles Baudelaire llegó vestido de negro. Se le podría haber confundido fácilmente con un agente funerario (o un cadáver). Sus ojos revelaban el corazón de un hombre que había vivido una vida difícil y a menudo solitaria. Monsieur Baudelaire pareció saber enseguida que era Madame Delatour quien le había convocado para reunirse con nosotros en la Torre Eiffel y caminó hacia nosotros con una sensación de familiaridad.

P: ¿Qué opinas de la crítica?

R: Creo sinceramente que la mejor crítica es la que es divertida y poética; no la fría crítica matemática, que, con el pretexto de explicarlo todo, no muestra ni odio ni amor, y se despoja voluntariamente de todo rastro de sentimiento; sino más bien -ya que un cuadro bello es la naturaleza vista por un artista- aquella crítica que es el cuadro visto por un espíritu sensible inteligente. Por eso, el mejor artículo sobre pintura podría ser un soneto o una elegía. Pero este tipo de crítica está destinada a las antologías poéticas y a los lectores de poesía.

Monsieur Baudelaire vaciló, nos miró brevemente y luego prosiguió

Os felicito a vosotras dos, jeune filles, por vuestro maquillaje. El rojo y el negro simbolizan la vida. Las líneas negras dan profundidad y extrañeza a vuestras expresiones, y a vuestros ojos les dan un aspecto más concreto de ventana abierta al infinito; el colorete, que colorea vuestros altos pómulos, aumenta aún más la luz de vuestros globos oculares y añade al bello rostro de una mujer la misteriosa pasión de la sacerdotisa. (3)

P: Madame Delatour y yo nos sonrojamos y reímos como colegialas cuando preguntamos a Monsieur Baudelaire sobre la importancia de la risa.

R: La risa de los niños es como el florecimiento de una flor. Es la alegría de recibir, la alegría de respirar, la alegría de abrirse, la alegría de contemplar, de vivir, de crecer. Es la alegría de una planta. En general, se parece más a una sonrisa, algo análogo al movimiento de la cola de los perros o al ronroneo de los gatos. Y, sin embargo, fíjate bien en que si la risa de los niños sigue diferenciándose de las expresiones de alegría animal, es porque esa risa no está completamente desprovista de ambición. (4)

P: Señor Baudelaire, ¿le importaría leernos uno de sus cuentos?

R: Os ofrezco un cuento con moraleja. La historia de

EL JUGUETE DEL POBRE

Quiero transmitir la idea de una diversión inocente. Hay muy pocos pasatiempos que no sean censurables. Cuando salgas de casa por la mañana, con la firme intención de pasear por las calles principales, llénate los bolsillos de esos pequeños inventos baratos, como el gato saltarín plano que se manipula con una sola cuerda, los herreros que golpean el yunque, el jinete con un caballo cuya cola es un silbato... y ofréceselos a los niños descuidados y pobres que te encuentres delante de los restaurantes donde se paran junto a un árbol. Verás cómo sus ojos se agrandan desmesuradamente. Al principio, no se atreverán a coger nada. No creerán en su buena suerte. Luego sus manos agarrarán el regalo con avidez, y saldrán corriendo como gatos que se alejan de ti para comerse el trozo de comida que les diste. Estos niños han aprendido a desconfiar del hombre.

En un camino, tras la verja de hierro de un gran jardín al final del cual se veía la blancura de un atractivo castillo iluminado por el sol, había una hermosa niña de tez fresca, vestida con esas ropas campestres que tienen tanto de fastidioso.

El lujo, la libertad de cuidados y la exhibición habitual de riqueza hacen que esos niños sean tan encantadores que podrías creerlos hechos de una sustancia diferente a la de los niños de una clase poco distinguida o pobre.

A su lado, sobre la hierba, yacía un magnífico juguete, tan hermoso como su dueño, barnizado, dorado, vestido con una túnica púrpura y cubierto de plumas y abalorios. Pero el niño no prestaba atención a su juguete favorito. Esto era lo que miraba.

Al otro lado de la verja de hierro, en el camino, en medio de cardos y ortigas, había otro niño, sucio, frágil, tiznado, uno de esos niños-niñas cuya belleza podría descubrir un ojo imparcial si, como el ojo de un entendido adivina el ideal de la pintura bajo un barniz corporal, limpiara al niño de la repulsiva pátina de la pobreza.

A través de los barrotes simbólicos que separan dos mundos, el camino principal y el castillo, el niño pobre mostraba su propio juguete al niño rico, que lo examinaba ávidamente como si fuera un objeto raro y extraño. Ahora bien, este juguete, que el pequeño pilluelo irritaba agitando una caja de alambre de un lado a otro, ¡era una rata viva! Sus padres, por economía sin duda, habían obtenido el juguete de la vida misma.Mientras los dos niños se reían fraternalmente el uno del otro, mostraban unos dientes de blancura similar. (5)

Madame Delatour y yo jadeábamos porque las lágrimas corrían por nuestras mejillas. Monsieur Baudelaire se sintió conmovido por nuestra efusión emocional y empezó a recitar un poema:

EL ALBATROSS

A menudo, como diversión, los tripulantes

Atrapan albatros, enormes aves del mar

Que siguen, indolentes compañeros de viaje,

al barco que se desliza sobre las profundidades saladas.

Tan pronto como los han colocado en cubierta,

Estos reyes del cielo, torpes y avergonzados,

Dejan lastimosamente que sus grandes alas blancas

Arrastren a sus costados como remos.

Este viajero alado, ¡qué torpe y débil es!

Antes tan apuesto, ¡qué cómico y feo es!

Un marinero se irrita el pico con una pipa,
e imita, mientras cojea, al inválido que una vez
voló.
El Poeta es como el príncipe de las nubes
Que acecha la tempestad y se burla del arquero;
Exiliado en la tierra en medio de la burla,
Sus gigantescas alas le impiden caminar. (6)
Madame Delatour consiguió recomponerse, pero
yo sólo podía imaginarme aquel albatros solitario
con mi cabeza sobre su cuerpo.

P: ¿Te gustaba el teatro y, en concreto, el teatro?

R: En la infancia y aún hoy, lo más hermoso que
encontraba en un teatro era la lámpara de araña, un
hermoso objeto luminoso, cristalino, complicado,
circular y simétrico. Al fin y al cabo, la araña siempre
me ha parecido el actor principal, ya sea visto a
través del extremo grande o del extremo pequeño
de los vasos de la ópera. (7)

P: Adorabas las obras de Edgar Allan Poe. ¿Puedes
explicar qué es lo que te intrigaba de su escritura?

R: Con Poe, la parte introductoria de cada obra
es atractiva sin violencia, como un torbellino. Su
solemnidad sorprende y mantiene alerta la mente
del lector. Desde el principio sientes que se trata
de algo serio. Y lenta, gradualmente, se despliega
una historia cuyo interés depende de una desviación
imperceptible del intelecto, de una hipótesis audaz,
de una dosificación imprudente de la Naturaleza en
la amalgama de las facultades. El lector, preso del

vértigo, se ve obligado a seguir al escritor en su fascinante deducción. (8)

Lamentablemente, la cinta termina aquí. Recuerdo que Monsieur Baudelaire se agarró el estómago, se tambaleó momentáneamente hacia delante y luego se volvió translúcido.

Volver de donde había venido parecía un proceso doloroso, al que claramente se resistía. Monsieur Baudelaire tenía asuntos pendientes que atender.

Se acercó al borde de la Torre Eiffel hasta que el viento levantó sus pies del suelo. Se dejó llevar así, por encima del borde de la torre y hacia las nubes. Hizo piruetas, mirando a su alrededor mientras lanzaba a París una serie de besos apasionados. Y luego desapareció.

Cuando ahora recuerdo aquel momento, juro que vi los besos tomando forma, flotando desde lo alto de la Torre, cada vez más abajo, hasta que la brisa los recogió y los llevó hacia adelante, río Sena abajo, entre la multitud, hacia quién sabe dónde.

Al bajar, Madame Delatour y yo tomamos el ascensor. Éste fue el primero de muchos encuentros con Escritores Legendarios del Más Allá.

Debes leer las obras de Charles Baudelaire. ¡No te arrepentirás! Me atengo a lo siguiente

Salón 1845/1946

Venus Negra

Las Flores del Mal

Carroña

Al Lector
Gatos
Nublado
Venus Blanca
Venus de ojos verdes
Paraísos Artificiales
Bazo de París
Elevación
Consagración
Luces de Guía
Incluso Cuando Camina
El Vino de los Enamorados

¡Au Revoir Mon Ami!
Cathy McGough
Tu Entrevistadora de Escritores Legendarios del
Más Allá

LA CONCLUSIÓN - NO

Lamentablemente, debo informaros de que nuestras "Entrevistas con escritores legendarios del más allá" han concluido.

A aquellos de vosotros que habéis sido firmes partidarios de este libro desde sus inicios y que anteriormente leísteis fragmentos del mismo cuando estaba en forma de columna, me gustaría hablaros directamente.

Muchos de vosotros nos habéis escrito, llamado, enviado correos electrónicos y faxes preguntándonos por qué no se había incluido a ninguna escritora en este libro.

Antes de seguir adelante, permitidme que os asegure, queridos lectores, que lo he intentado.

Debido a la naturaleza más bien coqueta de Madame Delatour, (por no mencionar su condición de soltera) tenía una inclinación muy fuerte por contactar con Legendarios Hombres Escritores del Más Allá.

Como era ella quien llevaba la voz cantante (por así decirlo), acepté de mala gana, con la esperanza de hacerla cambiar de opinión algún día. Por desgracia, dijera lo que dijera o hiciera lo que hiciera, Madame no cedió ni un ápice.

En la actualidad, Madame Delatour está en huelga y está buscando un organismo formal para negociar sus condiciones, es decir, un Sindicato de Médiums/Psíquicos. Hasta ahora no existe, pero tengo la sensación de que podría crear uno si yo no acepto sus condiciones.

¿Y cuáles son sus condiciones? Dinero, simple y llanamente. Madame Delatour ve por ahí médiums que no tienen ni de lejos los poderes que ella posee. Sin embargo, ganan millones de dólares cada día en televisión. A Madame Delatour le gustaría una parte de ese pastel.

Permíteme recordarte que, como entrevistadora, no recibo ninguna compensación. Lo hago puramente por amor a los escritores con los que podemos contactar y entrevistar. Baste decir que Madame Delatour y yo llegaremos a un acuerdo y, cuando lo hagamos, quizá hagamos otra entrevista (¡o dos!).

¡Gracias por participar en nuestras entrevistas!

¡TTFN!
Cathy McGough (ESCRITO EN 2004)

Tu Entrevistadora de Escritores Legendarios del Más Allá

ENTREVISTAS CON ESCRITORES LEGENDARIOS DEL MÁS...

Tu Entrevistadora de Escritores Legendarios del Más Allá

UNA NUEVA ENTREVISTA CON VOLTAIRE EN 2006

ESTA MAÑANA ME HE despertado para descubrir que Entrevistas con escritores legendarios del más allá no era un hecho. Baste decir que Madame Delatour y yo hemos llegado a un acuerdo tras leer el siguiente poema, escrito por François-Marie Arouet de Voltaire tras el devastador terremoto que sacudió Lisboa el Día de Todos los Santos de 1755, que acabó con la vida de 30.000 personas en sólo seis minutos.

Madame Delatour, tras explicar la reciente catástrofe del tsunami, ha accedido a una entrevista.

Mientras esperamos su llegada, permíteme que te hable de François-Marie Arouet de Voltaire, que nació el 21 de noviembre de 1694 en París, Francia. Monsieur Voltaire fue un escritor satírico que luchó contra el establishment utilizando su pluma como arma. Su obra más famosa fue escrita en 1759, "Cándido", y aún hoy se representa en directo en teatros de todo el mundo.

Voltaire vivió hasta los 84 años (murió en París el 30 de mayo de 1778) y fue el líder del Siglo de las Luces. Nunca dejó de escribir, hasta el final, y dejó más de 14.000 cartas y más de dos mil libros y panfletos. (1)

Madame Delatour me informó de que Monsieur Voltaire estaba de camino. Esperé su llegada con gran expectación.

Momentos después, cuando caminó hacia mí, me sorprendió al instante su pequeña estatura. Llevaba un abrigo rojo forrado de armiño blanco, medias blancas y botas negras con hebillas plateadas. Su rasgo más destacado era la sonrisa con la que me saludó. Luego me abrazó, como si fuéramos viejos amigos y enseguida empezó su recitado:

SOBRE EL DESASTRE DE LISBOA
(O un examen del axioma "Todo va bien")
¡Infelices mortales! ¡Tierra oscura y enlutada!
¡Temerosa reunión de la humanidad!
¡Eterna languidez de dolor inútil!
Venid, filósofos, que gritáis: "Todo está bien".
Y contemplad esta ruina de mundo.
Contemplad estos jirones y cenizas de vuestra raza,

Este niño y esta madre amontonados en un naufragio común,

Estos miembros esparcidos bajo los fustes de mármol-

Cien mil que la tierra devora,

Que, desgarrados y ensangrentados, palpitan aún,

sepultados bajo sus hospitalarios tejados,

En tormentos desgarradores terminan sus azotadas vidas.

A esos expirantes murmullos de angustia,

A ese espantoso espectáculo de dolor,

responderéis: "No hacéis sino ilustrar

las leyes de hierro que encadenan la voluntad de Dios"?

Decid, sobre esa masa de carne aún temblorosa:

"Dios es vengado: el salario del pecado es la muerte"?

¿Qué crimen, qué pecado habían concebido aquellos jóvenes corazones

que yacen, sangrantes y desgarrados, sobre el pecho materno?

¿Bebió más profundamente del vicio la caída Lisboa

Que Londres, París o el soleado Madrid?

En ellas bailan los hombres; en Lisboa bosteza el abismo.

Tranquilos espectadores del naufragio de tus hermanos,

impasibles ante esta repelente danza de la muerte,

Que buscan con calma la razón de tales tempestades,
No dejéis sino que azoten vuestra propia seguridad;
Vuestras lágrimas se mezclarán libremente con la inundación.
Cuando la tierra muestre sus horribles fauces entreabiertas,
Mi súplica es inocente; mis gritos son justos.
Rodeado de tales crueldades del destino,
Por la furia del mal y por las trampas de la muerte,
Frente a la ferocidad de los elementos,
Compartiendo nuestros males, consiénteme mi lamento.
"Es orgullo", decís, "el orgullo del corazón rebelde,
Pensar que nos puede ir mejor de lo que nos va".
Id, contadlo a las riberas azotadas del Tajo;
Buscad en las ruinas de aquel choque sangriento;
Pregunta a los moribundos en aquella casa de dolor,
si es el orgullo el que pide ayuda al cielo
Y piedad por los sufrimientos de los hombres.
"Todo está bien", decís, "y todo es necesario".
Pensad que este universo hubiera sido peor
Sin este abismo infernal en Portugal?
¿Estáis tan seguros de la gran causa eterna
Que conoce todas las cosas, y por sí misma crea,
No podría habernos colocado en este lúgubre clima
¿Sin volcanes hirviendo bajo nuestros pies?
¿Ponéis este límite al poder supremo?
¿Le prohibirías usar su clemencia?

Se tomó un momento para recuperar el aliento y bebió un sorbo de agua antes de continuar:

En momentos puntuales de nuestra vida atormentada por el dolor

la mano del placer enjuga nuestras lágrimas;

Pero el placer pasa como una sombra fugaz,

y deja un legado de dolor y pérdida.

El pasado no es para nosotros más que un pesar,

El presente sombrío, a menos que el futuro sea claro.

Si el pensamiento debe terminar en la oscuridad de la tumba,

Todo estará bien algún día, así corre nuestra esperanza.

Todo está bien ahora, no es más que un sueño ocioso.

Los sabios me engañan: Sólo Dios tiene razón.

Con bajo suspiro, sujeto en mi dolor,

no me arrojo contra la Providencia.

Una vez canté, en tono menos lúgubre

los caminos soleados de la regla genial del placer;

Los tiempos han cambiado, y, enseñado por la edad creciente,

Y compartiendo la fragilidad de la humanidad,

Buscando una luz en medio de la oscuridad cada vez más profunda

Sólo puedo sufrir y no me quejaré.

Un califa, una vez, cuando había llegado su última hora

Reverenció esta oración dirigida a él:
"A ti, rey único y todopoderoso, llevo
Lo que te falta en tu inmensidad
El mal y la ignorancia, la angustia y el pecado".
Podría haber añadido algo más: esperanza. (2)

Voltaire y yo lloramos juntos por los que se habían perdido, guardamos un momento de silencio y luego comenzó nuestra entrevista.

P: ¿Te gustaba la escuela?

R: Allí aprendí latín y tonterías. No era como los demás chicos en el sentido de que no participaba. Los padres jesuitas del Collège Louis-le-Grand hicieron muchos intentos por persuadirme. Yo les decía: cada uno debe saltar a su manera. Pronto me dejaron en paz. (3)

P: ¿Fue entonces cuando empezaste a escribir?

R: Entonces escribí algunos versos, versos que prometían y tenían la suficiente originalidad de pensamiento como para llamar la atención de mi maestro. Uno en particular, al que yo le caía inmensamente mal, me dijo: "Bruja, algún día serás la abanderada del deísmo en Francia". Esta apreciación no ayudó a mi falta de popularidad en el patio de la escuela. (4)

P: ¿Estudiaste Derecho entre 1711 y 1713 y luego trabajaste como secretaria del embajador de Holanda antes de decidir dedicarte a escribir?

R: Ah, una decisión de la que nunca me arrepentí. Por desgracia, en 1717 me detuvieron, injustamente, y me enviaron a la Bastilla. Ya es bastante malo ser detenido y encarcelado, ¡pero por un delito que no había cometido! Aproveché el tiempo escribiendo mi primera obra: "Oedipe". Cambié mi nombre por el de Voltaire.

Cuando once meses más tarde salí de la cárcel, esta mi primera obra, recibió críticas muy favorables cuando se puso en escena, lo que demuestra cómo el trabajo puede salvarnos de tres grandes males: el aburrimiento, el vicio y la necesidad. (5)

P: Cuéntame cómo fue escribir con la censura sentada como un buitre sobre tu hombro.

R: En 1723 un edicto declaraba: "Ningún editor u otra persona podrá imprimir o reimprimir, en ningún lugar del reino, ningún libro sin haber obtenido previamente permiso mediante cartas selladas con el Gran Sello". Los censores oficiales debían atestiguar que el libro no contenía nada contrario a la religión, el orden público o las buenas costumbres. Los libros considerados ilegales eran quemados; el escritor y el impresor eran enviados a prisión.

En 1757, Luis XV sufrió un atentado. Se desató el caos y con él un nuevo edicto: "se decretó la muerte para todos aquellos que fueran condenados por haber escrito o impreso obras destinadas a atentar contra la religión, a atentar contra la autoridad real o a perturbar el orden y la tranquilidad del reino". En 1764, se examinaban libros, panfletos e incluso prefacios. (6)

P: ¿Cómo vivías, sabiendo que te podían atrapar en cualquier momento?

R: Vivía para escapar. No pasaba un momento en que no pensara en cómo escaparía, qué haría si me enteraba de que me buscaban. La mayor parte del tiempo escribía de forma anónima.

P: Aun así, ¿sabían que eras tú?

R: Una cosa es saberlo y otra demostrarlo. La venta de mi obra estaba prohibida; aun así, había demanda de mi trabajo. Yo y otros escritores enviamos obras a imprimir a Ámsterdam, La Haya y Ginebra. Luego se introducía de contrabando en Francia y se buscaba. De ahí esta carta que escribí a los funcionarios en junio de 1733:

Ya que está en vuestra mano, señor, hacer algún servicio a las letras, os imploro que no cortéis tan estrechamente las alas de nuestros escritores, ni convirtáis en aves de corral a quienes, si se les permitiera empezar, podrían convertirse en águilas; ¡la libertad razonable permite que la mente se eleve! (7)

P: ¿Cuándo escribiste tus Cartas filosóficas?

R: Tras ser exiliado, conseguí mantenerme alejado de los problemas durante tres años y escribí ensayos sobre la Poesía Épica y Las Guerras Civiles en Francia, que se publicaron en 1727. Regresé a Francia y escribí obras de teatro, poesía, tratados científicos y me convertí en historiógrafo real.

Mis "Cartas filosóficas", en las que comparaba el sistema de gobierno francés con el inglés, volvieron a ponerme en apuros. Mi libro fue prohibido en Francia y tuve que huir. En Inglaterra se convirtió en un Best Seller. (8)

P: ¿No te impresionó Shakespeare?

R: Shakespeare poseía un fuerte genio fecundo. Era natural y sublime, pero no tenía ni una chispa de buen gusto ni conocía una sola regla del drama. Aventuraré ahora una reflexión aleatoria, pero al mismo tiempo verdadera, y es que el gran mérito de este poeta dramático ha sido la ruina de la escena inglesa. Hay escenas tan bellas, tan nobles, tan espantosas en las farsas monstruosas de este escritor, a las que se da el nombre de tragedia, que siempre se han exhibido con gran éxito.

El tiempo, que es el único que da reputación a los escritores, al final hace venerables sus mismos defectos. La mayoría de las caprichosas imágenes gigantescas de este poeta han adquirido, con el paso del tiempo, el derecho a pasar por sublimes. La mayoría de los escritores dramáticos modernos le han copiado, pero los toques y descripciones que se aplauden en Shakespeare se silban en estos escritores; y creerás fácilmente que la veneración que se tiene por este autor aumenta en proporción al desprecio que se muestra a los modernos. Los escritores dramáticos no consideran que no deban imitarle; y el mal éxito de los imitadores de

Shakespeare no produce otro efecto que hacer que se le considere inimitable.

Los brillantes monstruos de Shakespeare tienen infinito más deleite que las juiciosas imágenes de los modernos. Hasta ahora, el genio poético de los ingleses se asemeja a un árbol empenachado plantado por la mano de la Naturaleza, que lanza mil ramas al azar y se extiende por igual, pero con gran vigor. Muere si se intenta forzar su naturaleza, y podarlo y aderezarlo de la misma manera que los árboles del Jardín de Marli. (9)

P: ¿Quizá un problema en la traducción?

R: No nos reímos al leer una traducción. Si quieres entender la comedia inglesa, la única manera de hacerlo es que vayas a Inglaterra, pases tres años en Londres, te hagas maestro de la lengua inglesa y vayas al teatro todas las noches. La lectura de Aristófanes y Plauto no me produce mucho placer, y ello porque no soy ni griego ni romano. La delicadeza del humor, la alusión, la pertinencia, todo ello se pierde para un extranjero.

Nada es más fácil que exponer en prosa todas las tontas impertinencias que un poeta puede haber vertido; pero traducir sus bellos versos es una tarea muy difícil. (10)

P: ¿Qué papel desempeña la imaginación al escribir poesía?

R: En poesía debe prevalecer sobre todo la imaginación en los detalles y en la expresión. Siempre es agradable, pero allí es necesaria.

En Homero, Virgilio y Horacio, casi todo son imágenes, sin que ni siquiera el lector las perciba. La tragedia requiere menos imágenes, menos expresiones pintorescas y metáforas y alegorías sublimes que el poema épico y la oda; pero la mayor parte de estas bellezas, bajo un manejo discreto y hábil, producen un efecto admirable en la tragedia; sin embargo, nunca deben ser forzadas, rebuscadas o gigantescas.

La imaginación activa, que constituye a los poetas, les confiere entusiasmo, según el verdadero significado de la palabra griega, esa emoción interna que en realidad agita la mente y transforma al autor en el personaje que presenta como orador; pues tal es el verdadero entusiasmo, que consiste en la emoción y la imaginería. Un autor bajo esta influencia dice precisamente lo que diría el personaje que está representando.

En la elocuencia se admite menos imaginación que en la poesía. La razón es obvia: el discurso ordinario debe estar menos alejado de las ideas comunes. El orador habla el lenguaje de todos; la base de la actuación del poeta es la ficción. En consecuencia, la imaginación es la esencia de su arte; para el orador es sólo un accesorio. (11)

P: Monsieur Voltaire, nuestro tiempo está llegando rápidamente a su fin. ¿Has pensado en algún otro consejo que quieras transmitir a los escritores del futuro?

R: ¿Quieres que te dé una pequeña regla infalible para el verso? Aquí la tienes. Cuando un pensamiento es justo y noble, aún queda algo por hacer con él: comprueba si la forma en que lo has expresado en verso sería eficaz en prosa: y si tu verso, sin el vaivén de la rima, te parece que tiene una palabra de más -si hay el menor defecto en la construcción-, si se olvida una conjunción -si, en resumen, no se utiliza la palabra adecuada, o no se utiliza en el lugar adecuado-, debes concluir entonces que la joya de tu pensamiento no está bien engarzada. Ten por seguro que los versos que tengan alguno de estos defectos nunca se aprenderán de memoria, y nunca se releerán: y los únicos versos buenos son los que se leen y se recuerdan, a pesar de uno mismo. Hay muchos de este tipo en tu "Epístola": versos que nadie de mi generación podría escribir a tu edad, como los que se escribieron hace cincuenta años. (12)

P: ¿Algún consejo para el hombre en general?

R: Pon a dos hombres sobre el globo, y sólo llamarán bueno, correcto, justo, a lo que sea bueno para ambos. Pon cuatro, y sólo considerarán virtuoso lo que les convenga a todos: y si uno de los cuatro se come la cena de su vecino, o le pelea o le mata, sin duda levantará a los demás contra él. Y lo que es cierto de estos cuatro hombres es cierto del universo. (13)

Por tanto, enseña a los hombres a no perseguir a los hombres, pues mientras unos cuantos santurrones queman a unos cuantos fanáticos, la tierra se abre y se traga a todos por igual. (14)

Sin más, Monsieur Voltaire fue engullido y regresó por donde había venido. Consideré el estado del mundo actual y entristecido por nuestra falta de progreso leí en voz alta el siguiente poema:

DEL AMOR A LA AMISTAD
Si quieres que vuelva a amar
La dichosa edad del amor restaura;
De las alegrías libres del vino, y de las preocupaciones de los amantes,
El tiempo implacable, que ningún hombre perdona, me urge a retirarme,
Y no aspire más a tal dicha.
De tal austeridad exacta,
Extraigamos, si podemos, algo bueno;
Cuya manera de pensar con esta edad
no se adecue a esta edad, nunca podrá ser considerado un sabio.
Que la juventud alegre muestre sus locuras,
Que la juventud alegre muestre sus locuras;
La vida se limita a dos momentos,
Que uno sea consignado a la sabiduría.

Dulces delirios de mi mente
Todavía a mi pasión gobernante amable,
Que siempre trajo un alivio seguro
A la más fiel compañera de la vida, la pena.
Te alejarás para siempre de mí,
¿Y debo morir sin alegría y sin amigos?
Ningún mortal renuncia jamás a su aliento
sin una doble muerte;
Quien ama y ya no es amado,
Su desdichado destino bien puede deplorar;
La pérdida de la vida puede soportarse fácilmente,
Sin amor, el hombre está desamparado.
Así lamenté aquellos placeres,
de los que tantas veces me arrepentí en mi
juventud;
Mi alma repleta de suave deseo,
Lamentaba el fuego de la juventud.
Pero la amistad entonces, celestial doncella
del cielo descendió en mi ayuda;
Menos viva que la llama amorosa,
Aunque su ternura la misma.
Admiré los encantos de la amistad,
Mi alma se encendió con nueva belleza;
Entonces me hice uno en el tren de la amistad,
Pero desprovisto de amor, me quejo. (15)

Merece la pena leer toda la colección de Monsieur Voltaire, ¡pero echa un vistazo a estos y pronto querrás más!

Diccionario Filosófico

Cándido

Micromegas

A la reina de Hungría

Zadig

L'Ingenu

El candado

El Templo de la Amistad

En el Campamento Ante Philippsburg, 3 de Julio de 1734

Sobre la muerte de Adrienne Lecourvreur, célebre actriz

El Toro Blanco

Las Cartas Inglesas

El Filósofo Ignorante

La Henriada Un poema

Ensayos críticos sobre poesía dramática

Cartas del Sr. de Voltaire a los Amigos

A una dama muy conocida en toda la ciudad

Azolan

Del Amor a la Amistad

Adiós

Cathy McGough

Tu Entrevistadora de Escritores Legendarios del Más Allá

SOBRE EL AUTOR:

La multipremiada autora Cathy McGough
vive y escribe en Ontario, Canadá
con su marido, su hijo, sus dos gatos y un perro.
Si quieres hablar con Cathy, envíale un correo
electrónico a
cathy@cathymcgough.com.
Le encanta saber de sus lectores.

TAMBIÉN POR:

FICCIÓN
El hijo de todos
El secreto de Ribby
13 Relatos Cortos (que incluyen:
El paraguas y el viento
La revelación de Margaret
Vino de diente de león (FINALISTA DEL PREMIO AL
LIBRO FAVORITO DE LOS LECTORES)
Diosa de talla grande
NO FICCIÓN
103 Ideas Para Recaudar Fondos Para Padres
Voluntarios Con
Escuelas y Equipos (3er LUGAR MEJOR REFERENCIA
2016 METAMORPH PUBLISHING)
+ Libros infantiles y juveniles

REFERENCIAS

INTRODUCCIÓN

(1)

El Progreso del Peregrino, The Religious Tract Society, Bouverie St. y 65 St.
Paul's Churchyard, 1913.

CAPÍTULO I
(1)
Como gustéis, Hodder and Stoughton, sin fecha.
(2)
Letra de una canción de Jim Morrison, L.A. Woman, 1971
(3)
Letra de una canción de Jim Morrison, Waiting for the Sun, 1968.
(4)
Les Fleurs du Mal, The Casanova Society, Londres, 1925.

CAPÍTULO II

(1)

Ciento un poemas famosos, The Cable Company, Chicago, Illinois, 1924.

(2)

Tennyson, Hombres de letras ingleses, Macmillan, 1910.

(3)

Cartas de Alfred, Lord Tennyson, Toronto: Macmillan Company of Canada, 1929.

(4)

Ibid

(5)

Bibliografías de doce autores victorianos, The H.W. Wilson Comp., Nueva York,

1936.

(6)

Tennyson, Hombres de letras ingleses, Macmillan, 1910

(7)

Ibid

(8)

Ciento un poemas famosos, The Cable Company, Chicago, Illinois, 1924.

(9)

An American Anthology, Houghton, Mifflin and Company, The Riverside Press,

Cambridge, 1900. .

(10)

Poesía y Prosa Británicas, Tercera Edición, Volumen II, Houghton Mifflin Company,

Boston. 1938.

(11)

Letra de la canción de Bono, All That You Can't Leave Behind, 2000.

(12)

Días con los poetas, Londres, Hodder & Stoughton, Percy Lund, Humphries

& Co. Ltd. Ejemplar sin fecha.

(13)

Ibid

CAPÍTULO III

(1)

An American Anthology, Houghton, Mifflin and Company, The Riverside Press,

Cambridge, 1900.

(2-5)

Edgar Allan Poe, Cartas hasta ahora inéditas, Lippincott, Filadelfia, 1925.

(6)

Ciento un poemas famosos, The Cable Company, Chicago, Illinois, 1924.

(7)

Edgar Allan Poe, Cartas hasta ahora inéditas, Lippincott, Filadelfia, 1925.

(8)

Ibid

(9)

Ciento un poemas famosos, The Cable Company, Chicago, Illinois, 1924.

(10)

An American Anthology, Houghton, Mifflin and Company, The Riverside Press,

Cambridge, 1900.

(11)

Ibid.

CAPÍTULO IV

(1)

Poesía y Prosa Británicas, Tercera Edición, Volumen II, Houghton Mifflin Company,

Boston. 1938.

(2)

Ibid

(3)

Shelley en Inglaterra: Nuevos Hechos y Cartas de los Documentos Shelley-Whitton,

1917.

(4-6)

Días con los poetas, Londres Hodder & Stoughton, Percy Lund, Humphries &

Co. Ltd. Ejemplar sin fecha.

(7)

Los poetas ingleses en imágenes, Penns In The Rocks Press, William Collins de

Londres, 1941.

(8)

Ibid

(9)

Días con los poetas, Londres, Hodder and Stoughton, Percy Lund, Humphries &

Co. Ltd. Ejemplar sin fecha.

(10)

Ibid

(11)

Poesía y prosa británicas, tercera edición, volumen II, Houghton Mifflin Company,

Boston. 1938.

(12)

Una defensa de la poesía, P. B. Shelley, 1840.

(13)

Las Cartas de Percy Bysshe Shelley, The Bodley Head, 1929.

(14)

An Anthology of World Poetry, Cassell and Company Ltd., 1929.

(15)

Ibid

(16)

Ensayos y cartas de Percy Bysshe Shelley, Rhys, Ernest, sin fecha.

(17)

Poesía y Prosa Británicas, Tercera Edición, Volumen II, Houghton Mifflin Company,

Boston. 1938.

(18)

Las Cartas de Percy Bysshe Shelley, The Bodley Head, 1929

(19)

Ibid

(20)

Una defensa de la poesía, P. B. Shelley, 1840.

(21)

Poesía y Prosa Británicas, Tercera Edición, Volumen II, Houghton Mifflin Company,

Boston. 1938.

CAPÍTULO V

(1)

"No Thoroughfare", número de Navidad de All The Year Round, 3 de diciembre de 1867

(2)

Prefacio de El dinero de mi dama, Alan Sutton Publishing Company, 1890.

(3)

Wilkie Collins, junio de 1870, Prefacio a "Man and Wife" Peter Fenolon Collier,

Pub. Sin fecha.

(4-7)

Introducción a "Hide and Seek", Oxford University Press, Londres, sin fecha.

(8)

Prefacio a la primera edición de "La piedra lunar", 1868

(9)

Ibid

(10-12)

"Sin nombre" Harper and Brothers, Nueva York, 1873.

(13)

Pequeñas novelas", Chatto and Windus, Piccadilly, Londres, 1887.

(14)

"El legado de Caín", Donohue; Henneberry & Co., Chicago, edición sin fecha

(15)

De Mar a Mar y Otros Bocetos, Cartas de Viaje, Vol. 1, Doubleday, Page

and Co., Nueva York, 1925.

(16)

Pequeñas novelas, Chatto and Windus, Piccadilly, Londres, 1887.

CAPÍTULO VI

(1)

Memorias de Robert Burns, Frederick Warne and Co., Bedford Street, Strand,

Londres, sin fecha

(2)

Los "Clásicos de Chandos", Las obras poéticas de Robert Burns, Frederick Warne and

Co., Bedford Street, Strand, Londres, edición sin fecha.

(3)

Memorias de Robert Burns, Frederick Warne and Co., Bedford Street, Strand,

Londres, edición sin fecha.

(4-15)

The "Chandos Classics", The Poetical Works of Robert Burns, Frederick Warne and

Co., Bedford Street, Strand, Londres, edición sin fecha.

CAPÍTULO VII

(1)

Las Cartas de Mark Twain, Harper, Nueva York, 1917.

(2)

Paine, Albert Bigelow. Mark Twain: A Biography (Nueva York: Harper &

Brothers, 1912).

(3)

Siguiendo al Ecuador, American Publishing Co., 1897.

(4)

Ibid

(5)

Las aventuras de Tom Sawyer, Grosset & Dunlap, 1920.

(6)

Los inocentes en el extranjero, H. H. Bancroft & American Pub. Co., San Francisco

y Hartford, 1869

(7)

Cartas de Mark Twain, Chatto & Windus, Londres, 1920.

(8)

Pudd'n'head Wilson, Chatto & Windus, 1926.

(9)

Ibid

(10)

Mark Twain escribió esto en 1905, pero no se publicó hasta después de su muerte.

Apareció en Harper's Monthly, en noviembre de 1916. La misma revista lo había rechazado anteriormente.

(11)

Carta de Twain a D. W. Bowser, 20/3/1880

(12)

El yanqui de Connecticut en la corte del rey Arturo, N.Y. Pocketbooks, 1948.

(13)

Cartas de Mark Twain, Chatto & Windus, Londres, 1920.

(14)

La célebre rana saltarina del condado de Calaveras y otros esbozos, C. H. Webb,

1867.

(15)

Carta a D.W. Bowser, 20 de marzo de 1880.

(16)

Harpers Monthly Magazine, 1909.

CAPÍTULO VIII

(1)

Un día con Samuel Taylor Coleridge, Hodder and Stoughton, Londres, 1885

(2)

Ibid

(3)

The Rime of the Ancient Mariner and Other Poems, Houghton Mifflin and Company,

Boston, 1931.

(4)

Un día con Samuel Taylor Coleridge, Hodder and Stoughton, Londres, 1885.

(5)

Ibid

(6)

Ibid

(7)

Samuel Taylor Coleridge, Cartas, conversaciones y recuerdos, Harper &

Bros., 1836.

(8)

Un día con Samuel Taylor Coleridge, Hodder and Stoughton, Londres, 1885.

(9)

Charles Lamb y los Lloyd: Newly Discovered Letters Of Lamb, Coleridge, The

Lloyds. Filadelfia: Lippincott, 1899.

(10)

The Rime of the Ancient Mariner and Other Poems, Houghton Mifflin and Company,

Boston, 1931.

(11)

Ibid

(12)

Ibid

(13)

Un día con Samuel Taylor Coleridge, Hodder and Stoughton, Londres, 1855.

CAPÍTULO IX

(1) Los escritos de Nathaniel Hawthorne.

Boston y Nueva York: Houghton, Mifflin and Company, 1900

(2)

Prefacio de La letra escarlata, Ticknor, Reed and Fields, Boston: 1850.

(3-8)

Famous American Authors, Vail-Ballou Press, Inc., Binghamton, Nueva York, 1933.

(9)

Biografías vivas de grandes novelistas, Garden City Publishing Co., Inc. 1943.

(10)

Ibid

(11)

Biografías vivas de grandes novelistas, Garden City Publishing Co., Inc. 1943

(12)

Ibid

(13)

Famous American Authors, Vail-Ballou Press, Inc., Binghamton, Nueva York, 1933

(14)

Ibid

(15-19)

Prefacio de La letra escarlata, Ticknor, Reed and Fields, Boston: 1850.

(20-22)

Cuadernos ingleses, Cambridge: Houghton, Mifflin and Company, 1889

(23-26)

Prefacio de The Blithedale Romance, E.P. Dutton & Co., 1925.

(27)

Pasajes de los Cuadernos ingleses de Nathaniel Hawthorne (1870)

(28)

Ibid

(29)

La letra escarlata, Ticknor, Reed y Fields, Boston: 1850

(30)

Los Escritos de Nathaniel Hawthorne. Boston y Nueva York: Houghton, Mifflin and
Company, 1900

CAPÍTULO X

(1)

Stephen Leacock, Hellements of Hickonomics in Hiccoughs of Verse Done in our
Social Planning Mill (Nueva York: Dodd, Mead, 1936

(2)

"Enseñar en la escuela" El niño que dejé atrás, Doubleday, 1946.

(3)

Ibid

(4)

Ibid

(5)

Stephen Leacock, Hellements of Hickonomics in Hiccoughs of Verse Done in our
Social Planning Mill (Nueva York: Dodd, Mead, 1936

(6)

Mi Carrera Financiera. Literary Lapses: Un Libro de Bocetos. Montreal: Gaceta
Printing Co., 1910.

(7-14)

"Enseñando en la escuela" El niño que dejé atrás, Doubleday, 1946.

(15-17)

Mi descubrimiento de Inglaterra: Dodd, Mead & Co. 1922.Ibid

CAPÍTULO XI

(1)

It Can Be Done, Poemas de inspiración, The Ryerson Press, Toronto, 1926.

(2-5)

Algo de mí (Para mis amigos conocidos y desconocidos), Doubleday, Doran &

Co. Inc., 1937.

(6)

Notas americanas, Henry Altemus, Filadelfia, 1899.

(7)

Ibid

(8)

Rudyard Kipling's Verse, Hodder and Stoughton, Londres, 1928

(9)

Una diversidad de criaturas, Cartas de viaje 1892-1913, Doubleday, Page and Co,

Nueva York, 1925.

(10-12)

A Book of Words, discurso en la cena de la Real Academia, mayo de 1906.

(13)

Algo de mí (Para mis amigos conocidos y desconocidos), Doubleday, Doran &

Co. Inc., 1937

(14)

Ibid

(15)

De Mar a Mar y Otros Bocetos, Cartas de Viaje, Vol. 1, Doubleday, Page

and Co., Nueva York, 1925.

CAPÍTULO XII

(1)

David Copperfield, Clásicos Escolares Collins Ilustrados, sin fecha

(2)

Ibid

(3)

Historia de dos ciudades, Nueva York: The MacMillan Company, 1921.

(4)

Las cartas inéditas de Charles Dickens, Halton & Truscott Smith,

Londres, 1927.

(5)

Las Cartas de Charles Dickens, Chapman and Hall, Londres, 1880-82.

(6)

La vida de Charles Dickens, T. B. Peterson & Brothers, Filadelfia, 1870.

(7-9)

Oliver Twist, F. M. Lupton, Nueva York, 1895.

10)

David Copperfield, Clásicos escolares Collins ilustrados, sin fecha

(11)

Ibid

(12)

Historia de dos ciudades, Nueva York: The MacMillan Company, 1921.

(13-15)

American Notes for General Circulation, Chapman & Hall, Londres, 1910.

(16)

Cartas y discursos de Charles Dickens, Chapman & Hall, Londres, 1929.

(17)

Heart Throbs in Prose and Verse, Chappel Publishing Co. Ltd., 1905

(18)

Cartas y discursos de Charles Dickens, Chapman & Hall, Londres, 1929.

CAPÍTULO XIII

(1)

Cartas y recuerdos de Dostoievski, S. S. Koteliansky y J. Middleton Murry

traductores. Londres, Chatto and Windus, 1923.

(2)

Ibid

(3)

Notas desde el subsuelo, Las novelas cortas de Dostoievski, Dial Press, 1945

(4)

Nuevas cartas de Dostoievski, The Mandrake Press, Londres, edición sin fecha.

(5-8)

Dostoievski: Una nueva biografía, Houghton Mifflin and Co., 1931.

(9)

El insultado y el humillado Prólogo, Editorial Moscú, Moscú, 1957.

(10)

Dostoievski: Cartas y recuerdos, Chatto and Windus, 1923.

(11)

Los Poseídos: The Heritage Press, Nueva York, 1936.

(12)

Notas desde el subsuelo, Las novelas cortas de Dostoievski, Dial Press, 1945.

(13)

Cartas y recuerdos, Alfred A. Knopf, Nueva York, 1923.

(14)

Fiódor Dostoievski. Harrison de París, 1931.

(15)

Nuevas cartas de Dostoievski, The Mandrake Press, Londres, edición sin fecha.

(16)

Fiódor Dostoievski, SCM Press, Londres, 1948.

(17)

Nuevas cartas de Dostoievski, The Mandrake Press, Londres, edición sin fecha.

(18)

Dostoievski: A New Biography, Houghton Mifflin and Co., 1931.

(19)

Discurso pronunciado por Dostoievski en la Sociedad de Amigos de la Literatura Rusa, agosto de 1880. Recogido en Diario de un escritor.

(20)

El manso, El eterno esposo y otros relatos, Macmillan, Nueva York, 1923.

CAPÍTULO XIV

(1)

John Keats Obras Poéticas Completas y Cartas, Houghton Mifflin, Boston, 1899.

(2-4)

John Keats Su vida y su poesía, Macmillan and Co. Ltd., 1917

(5)

Cartas de John Keats, Macmillan and Company, Londres, 1891.

(6)

John Keats Obras Poéticas Completas y Cartas, Houghton Mifflin, Boston, 1899.

(7-8)

Vida, cartas y restos literarios de John Keats, Edward Moxton, Londres, 1848.

(9)

John Keats Su vida y su poesía, Macmillan and Co. Ltd., 1917

(10)

Cartas de John Keats, 1817

(11)

La vida y la poesía de John Keats, Macmillan and Co. Ltd., 1917

(12)

John Keats Obras Poéticas Completas y Cartas, Houghton Mifflin, Boston,

1899

(13)

Ibid

(14)

John Keats Su vida y su poesía, Macmillan and Co. Ltd., 1917

(15)

John Keats Obras Poéticas Completas y Cartas, Houghton Mifflin, Boston,

1899.

(16)

John Keats las Cartas y Documentos, Bodley Head, 1914.

(17)

John Keats Su vida y su poesía, Macmillan and Co. Ltd., 1917

(18)

Selecciones de literatura inglesa, The Copp Clark and Co. Ltd., 1929

(19)

Vida, cartas y restos literarios de John Keats, Edward Moxton, Londres, 1848.

(20)

John Keats Obras poéticas y cartas completas, Houghton Mifflin, Boston,

1899.

(21)

Ibid

CAPÍTULO XV

(1)

Empréstitos, Dodge Publishing Company, Nueva York, 1899.

(2)

Poets' Homes, D. Lothrop Company, Boston, 1879.

(3)

Prefacio a Evangeline, Thomas Y Crowell and Co., Nueva York y Boston, 1899.

(4-6)

Through the Year With Longfellow, De Wolfe, Fiske and Co., Boston, 1900.

(7)

Poets' Homes, D. Lothrop Company, Boston, 1879.

(8)

Longfellow Día a Día, Crowell, Nueva York, 1906.

(9)

Ibid

(10)

Antología americana, Houghton, Mifflin

y

Company, The Riverside Press, Cambridge, 1900.

(11)

Heart Throbs in Prose and Verse, Chapple Publishing Company Ltd., Boston,

Massachusetts, 1905.

(12)

Longfellow Día a Día, Crowell, Nueva York, 1906.

(13)

Poets' Homes, D. Lothrop Company, Boston, 1879.

(14)

Borrowings, Dodge Publishing Company, N.Y., 1889

(15)

Poets' Homes, D. Lothrop Company, Boston, 1879

CAPÍTULO XVI

(1)

A. B. "Banjo" Paterson, A Book of Verse, Angus and Robertson, Australia, 1990.

(2-4)

Happy Dispatches de A. B. Banjo Paterson, Lansdowne Press, 1934.

(5)

Reminiscencias, Sydney Morning Herald, febrero/marzo, 1939.

(6)

Ibid

(7)

Introducción al Penguin Book of Australian Ballads.

(8)

La poesía completa de A. B. "Banjo" Paterson, Harper Collins Publishers,

Australia, 1997.

(9)

Looking Backward, Sydney Morning Herald, 1941.

(10-12)

La magia del verso, Angus and Robertson Ltd., 1970

CAPÍTULO XVII

(1)

Henry David Thoreau, Poemas inéditos, Bibliophile Society, Boston, 1907

(2-5)

Walden, Ticknor & Fields, Boston, 1854

(6)

Henry David Thoreau, Poemas inéditos, Sociedad de Bibliófilos, Boston, 1907.

(7-10)

Walden, Ticknor & Fields, Boston, 1854

(11-14)

Sobre el Deber de la Desobediencia Civil, 2ª Parte.

(15)

Walden, Ticknor & Fields, Boston, 1854.

(16)

Ibid

(17)

An Anthology of World Poetry, Cassell and Company Ltd., 1929.

(18)

Walden, Ticknor & Fields, Boston, 1854

(18)

Ibid

CAPÍTULO XVIII

(1)

Cartas y diarios de Lord Byron, John Murray, Londres, 1833.

(2)

Las Cartas de George Gordon Byron, Carta a William Bankes, Southwell Marzo

6, 1807.

(3)

Selecciones de literatura inglesa, The Copp Clark and Co. Ltd., 1929.

(4)

Anotación en el diario de Lord Byron, 14 de noviembre de 1813.

(5)

Carta de Byron a John Murray, Riavennia, 30 de julio de 1821.

(6)

Carta de Byron a Thomas Moore, Pisa, 4 de marzo de 1822

(7)

Cartas y diarios de Lord Byron, John Murray, Londres, 1833

(8)

Diario de Lord Byron, anotación del 17 de noviembre de 1813.

(9)

Poesía de Byron, Macmillan, Londres, 1881.

(10)

Obras selectas de Lord Byron, Charles Daly, Londres, 1836.

(11)

Introducción a Childe Harold, Londres: Macmillan, 1904

(12)

Ibid

(13)

Un día con Byron, Hodder and Stoughton Ltd., sin fecha

(14)

Diario de Lord Byron, 14 de noviembre de 1813.

(15)

Poesía de Byron, Macmillan, Londres, 1881.

(16)

Diario de Lord Byron, 14 de noviembre de 1813.

(17)

Diario de Lord Byron, anotación del 17 de noviembre de 1813.

(18)

Carta de Lord Byron a James Hogg, Albany, 24 de marzo de 1814.

(19)

Diario de Lord Byron, entrada 15 de octubre de 1821.

(20-22)

Cartas y Diarios de Lord Byron, John Murray, Londres, 1833.

(23)

Childe Harold, Londres: Macmillan, 1904

(24-26)

Introducción a Childe Harold, Londres: Macmillan, 1904

(27)

Anotación en el diario de Lord Byron, 17 de marzo de 1814

(28)

Un día con Byron, Hodder and Stoughton Ltd., sin fecha.

(29)

Ibid

(30)

Obras selectas de Lord Byron, Charles Daly, Londres, 1836.

CAPÍTULO XIX

(1-8)

Les Fleurs du Mal, The Casanova Society, Londres, 1925.

CAPÍTULO XXI

(1)

Lo mejor de todos los mundos posibles: Romances y cuentos de Voltaire, Vanguard Press

Nueva York 1929

(2)

La Tolerancia y Otros Ensayos de Voltaire. Traducido, con una Introducción, por

Joseph McCabe (Nueva York: G.P. Putnam's Sons, 1912).

(3)

Lo mejor de todos los mundos posibles: Romances y cuentos de Voltaire, Vanguard Press

Nueva York 1929

(4)

Ibid

(5)

Darrow, Clarence S. Voltaire. A Lecture, [Girard, Kansas: Haldeman-Julius.

1925.

(6)

Voltaire Los Escritos de Voltaire NY: Wm.H. Wise, 1931

(7)

Lo mejor de todos los mundos posibles: Romances y cuentos de Voltaire, Vanguard Press

Nueva York 1929

(8)

Darrow, Clarence S. Voltaire. Una conferencia. [No.829 de la serie "Little Blue Book"] Girard, Kansas.

serie] Girard, Kansas.: Haldeman-Julius. 1925.

(9)

Cartas sobre la Nación Inglesa. Westminster Press Londres 1926

(10)

Darrow, Clarence S. Voltaire. A Lecture, Girard, Kansas: Haldeman-Julius. 1925.

(11)

Ibid

(12-14)

Darrow, Clarence S. Voltaire. A Lecture, Girard, Kansas: Haldeman-Julius. 1925.

(15)

Obras escogidas de Voltaire, Watts and Co 1935.

www.ingramcontent.com/pod-product-compliance
Lightning Source LLC
Chambersburg PA
CBHW032117310726
48972CB00001B/262